다시 나를 본다

다시
나를 본다

김승길 수필집

정출판

책을 내며

세월이 아쉬운 탓일까? 낙엽 밟는 소리가 유난히 크게 들린다. 요즘은 왠지 쫓기는 기분으로 책상머리에 앉을 때가 많다. 수필에 손을 댄지 어느덧 4년의 세월이 훌쩍 넘었다. 늘그막에 수필을 쓰겠다고 용기를 낸 것은 참으로 잘한 일 같다.

내 나이 팔십이 넘도록 어느 한 시절도 운치 있게 살아보질 못했다. 유년기에는 아버지와 헤어져 살았기에 부정(父情)의 결핍이 있었고, 초·중·고 학창 시절에는 6·25 전쟁통에 가정형편이 어려워 시집 한 권도 사서 읽을 처지가 못 되었다. 대학 때는 내손으로 학비를 마련해야 했기에 늘 시간이 부족했다. 사회에서는 그동안에 '못다함'과 '부족함'을 채우려고 언제나 통금이 가까워서 집에 돌아왔다.

사십이 넘어서 내 사업을 시작했다. 꼼꼼하고 내성적인 성격이라 사업과도 거리가 멀 것으로 생각했다. 하지만 어린 시절에 겪었던 한스러운 가난, 그리고 이역만리에서 서른 초반에 원통하게 돌아가신 아버지의 비운의 삶과 그리고 못다 이루신 유지(遺志)를 조금이라도 보상해 드리고 싶어 나는 두 주먹을 불끈 쥐고 뛰었다.

　내 인생의 절반을 사업에 바쳤다. 다행히 꿈을 어느 정도 이루었다. 흔히들 이 세상에 올 때 빈손으로 왔다고 한다. 나 역시 아무것도 가지고 온 게 없다. 하지만 지금은 회사에 딸린 식구만도 수백 명이 넘는다. 모두 내 인생의 동반자들이고 그들이 있어 든든하고 푸근하다.

　때가 되면 박수받으며 떠나고 싶었다. 회사 설립 40주년이라는 의미 있는 날을 택하여 미련 없이 회사를 떠났다. 인생 제4막을 꾸며 보고 싶어서였다. 즐기며 살 수 있는 일이 많을 줄 알았다. 춤, 노래, 여행, 등산, 골프…. 어느 것도 호락호락하지 않았다. 모두 가까이해보지 못했던 일이었고 게다가 소질과 취미도 받쳐주지 않으니 누릴 수 있는 게 별로 없었다.

어릴 적, 할아버지께서 가끔 하시던 말씀이 생각났다. "우리 집이 글 하는 집이다." 세상이 바뀐 지금 생각해 보면 '가난뱅이 집이다.'라는 역설일 수도 있지만, 나는 그 말씀에 자부심을 느끼며 살았다. 가난 때문에 할아버지 대에서 맥을 잇지 못했지만, 우리 집 DNA는 역시 글쓰기가 아니었나 싶다.

지금부터라도 하고 싶었던 일을 하며 유종의 미를 거두고 싶었다. 용기를 냈다. '별것 아니겠지!' 하면서 수필 쓰기에 달려들었다. 그렇게 시작했던 것이 날이 갈수록 어려워서 고생하는 중이다. 하지만 행복하다. 동문수학하던 문우들이 "노익장이 부럽다."라며 용기를 보태주었다. 자성과 반성의 기회로 삼고 글을 쓴다. 부족함을 탓하지 않고 만학의 기쁨에 취해 있다.

한 가지 아쉬움이라면 내 글 속에는 평론가 김우종 선생님도 언급했듯이 유년 시절과 학창 시절의 아기자기한 이야기가 별로 없다. 왜일까? 다람쥐 쳇바퀴 돌 듯 빈곤과 숨바꼭질하며 살아온 기억밖에 없기 때문이다. 혹시 우리 가족 중에 시각의 차를 가지는 사람이 있을지도 모른다. 양해하길 바란다.

책을 내면서 표제를 《다시 나를 본다》로 정했다. 표제에서 보듯 이것은 자전적인 수필로 나의 회고록이라고 할 수 있다. 그러기에 내 삶의 내면을 숨기지 않으려고 노력했다. 파란과 역경의 세월로 회한도 적지 않지만 더불어 함께여서 행복했고 따뜻했던 시절들이었다.

글을 정리하면서 내 80 여생을 돌아보니 실로 많은 사람에게 도움을 받은 것 같다. 모두가 진정한 우정으로 도와주었기에 오늘의 내가 있지 않나 하는 생각을 해본다. 그런데도 고마움을 제대로 표시한 적이 없었다. 이 자리를 빌려 감사의 말씀을 드린다.

더하여 수필 쓰기에 매달렸던 그 시절(2020~2023)이 유난스러웠음도 밝혀두고 싶다. 3~4년 동안 코로나19라는 괴질(怪疾)이 우리를 무척 괴롭혔다. 마음대로 나가 다니지도 못했고 모임도 자유롭게 할 수 없었던 정지된 세월이었다. 그런 와중에 '수필을 수필답게' 쓰도록 지도를 아끼지 않아 준 내 외사촌 아우가 고맙다.

2025년 10월 20일
회사 창립 45주년 기념일에
남방CNA 그룹 회장 金昇吉

추천사

김승길 작가의 수필집은 특별하다. 어느 수필집이든 작가에게 특별하지 않은 것이 있으랴마는 그의 수필집은 여러모로 특별하다고 생각한다.

그는 80세가 넘은 나이에 수필에 도전했다. 새로운 분야를 시작하기에 너무 늦은 나이가 아닌가 하고 망설일 수도 있는데 주저하지 않고 수필가로 남은 인생을 살기로 했다. 평생을 바쳐 일군 에어로졸 제품 제조회사 'NABAKEM'의 경영에서 벗어나 문인의 길에 전념하기로 한 것은 쉽지 않은 선택이었다. 꾸준한 노력 끝에 그는 등단이라는 어려운 관문을 통과했다.

그는 일제 치하에 경북 의성, 농촌 마을에서 태어났다. 6살 때 일본에 돈 벌러 떠난 아버지가 나가사키에서 원자폭탄에 피폭되어 행방불명되었다. 시신을 찾지 못해 결국 유품만으로 산소를 만들 수밖에 없었다. 그 시절 아버지를 일찍 잃은 소년의 삶은 신산했다. 외가에 의탁해 어린 시절을 보내고 천신만고 끝에 고등학교 과정을 마친 다음 무작정 상경했다. 친척의 도움으로 미군 부대에 취업하여 한양공대를 고학으로 졸업하고 대기업과 중소기업에서 경험을 쌓은 후 자신의 회사를 창업했다. 그는 창업 초기의 어려움을 특유의 성실성과 인내심으로 극복하고 알찬 중견기업을 만들어냈다.

그의 수필집은 그가 겪은 인생의 모든 도전과 극복의 흔적이 담긴 감동의 기록으로 점철되어 있다. 그 시절을 함께 살아온 세대들은 눈물 없이 읽기 어려운 대목도 많다. 무엇보다 풍요로운 시대에 태어나 성장한 후손들에게 주는, 부모 세대가 어떠한 역경을 딛고 일어섰는지에 대한 당당한 증언이기도 하다.

그의 수필은 꾸밈이 없다. 담백하고 진솔한 작가의 성품이 글에 그대로 묻어나기 때문이다. 기교가 뛰어난 수필은 독자에게 잠시 탄성을 지르게 할 수 있지만, 감동을 불러일으키기는 어렵다. 그가 수필 하나하나에 고백하듯 적어 간 삶의 서사는 독자의 가슴을 울린다. 자신을 적나라하게 보여줌으로써 세상과 소통하고자 한 작가의 용기에 박수를 보낸다. 글 속에서 빛나는 작가의 진실한 마음과 따뜻한 통찰은 독자에게 자신의 삶을 다시 돌아보는 계기를 제공한다.

작가의 첫 번째 수필집이 한 개인의 경험에 그치지 않고 많은 이들에게 감동과 영감을 줄 수 있는 소중한 작품이 될 것으로 믿어 의심치 않는다. 이 수필집 갈피 갈피에는 독자 여러분께 오래도록 기억될 소중한 선물이 담겨 있어 일독을 권하는 바이다.

김태겸 수필가
서초문인협회 명예회장

은탑산업훈장 수훈 (2012년)

金昇吉 회장

가족과 함께

HAR 입사기념 (1967년)

울산항 HAR의
건설부지에서

귀여운 손녀들

남방씨엔에이 창립40주년 기념 대리점 사장단 감사패 (2020년)

차례

|제1부| '믿음'은 힘이다

| 제4부 | 자녀교육에 왕도가 있을까

'믿음'은 힘이다

'믿음'이란 이런 것인가?

자기모순일 수 있겠지만 나이를 먹을수록

무언가 확실치는 않아도 신앙에 가까운 믿음이었다.

그 '믿음'에는 나만이 느끼는 큰 힘이 늘 함께하고 있었다.

이제 잔병은 없을 거다

초등학교 4학년 때 일이다. 햇살이 포근한 늦가을 오후였다. 나는 학교에서 일찍 돌아와 땔감(나무)을 구하러 뒷산으로 갔다. 나무 이외에는 땔감이 귀하던 시절이었다. 우리 동네 뒷산은 늘 민둥산이었다. 300여 호 큰 마을을 끼고 있었기에 나무가 자랄 겨를이 없었다.

학교에서는 매년 식목일이면 나무 심기를 했다. 산에 나무가 있어야 홍수를 예방하고 산사태와 가뭄도 막을 수 있다고 가르쳤다. 해마다 그렇게 나무를 심어도 산은 언제나 벌거숭이였다.

나는 앞집 S와 같이 지게를 메고 뒷산에 올랐다. 소나무 같은 쓸 만한 나무는 비켜서 참나무나 싸리나무 같은 잡목을 찾아다녔다. 저만치에 참한 땔감이 눈에 띄었다. 반가운 마음에 뛰어가

낫질했다. "앵"하는 소리와 함께 땅벌들이 쏟아져 나왔다. 순식간에 내 머리통은 벌집이 되었다. 두 손으로 벌들을 훑으며 정신없이 도망쳤다. 집에 도착했을 때는 거의 정신을 잃고 있었다.

어머니는 된장을 한 바가지 퍼 와서 머리에 바르고 또 발라주었다. 고약한 된장 냄새에 취해 곯아떨어졌다. 한참을 지나 깨어보니 머리통은 여전히 욱신거렸고 오른쪽 정강이에는 무명천이 감겨 있었다. 산에서 허겁지겁 뛰어 내려올 때 나무 꼬챙이에 찔린 모양이었다.

"그만하니 다행이다. 너는 이제 잔병은 없을 거다. 봉 침을 듬뿍 맞았으니…." 어머니의 기도와 한숨 섞긴 탄식의 소리였다. 무슨 뜻이냐고 물어보진 않았지만 분명 죽을 고비는 넘겼다는 뜻이었을 게다.

그 후에도 중학교를 마칠 때까지 뒷산으로 땔감을 구하러 다녀야 했다. 나름대로 땅벌을 피하는 방법도 터득했다. 탐스러운 땔감이 보이더라도 덥석 덤벼들지 않고 일단 돌멩이나 나무토막을 던져서 땅벌들의 반응을 살펴야 한다. 땅벌도 무지막지한 놈들이 아니다. 먼저 건드리지 않으면 절대로 선제공격은 해오지 않는다는 것도 알았다.

고등학교에 진학하면서 나무꾼 신세를 면했다. 멀리 경주로 유학 간 덕이다. 우리 집에서 300리나 되는 먼 곳이어서 방학 때가 아니면 어머니를 뵐 수 없었다. 어머니가 내 몫까지 맡아서 더 힘들어하실 걸 생각하니 눈물이 났다. 경주에 오기 전까지는 우리 집 나무꾼으로 살면서 어머니를 돕는 게 즐거운 일이었다. 그놈의 땅벌 때문에 망신은 했지만….

나중에 벌의 독이 치명적일 수 있다는 사실을 알았다. 외딴곳에서 성묘객이 땅벌에 쏘여 목숨을 잃는 경우가 있다는 사실도 알았다. 그런가 하면 봉독(蜂毒)이 통증치료제로 우수한 약리작용이 있다는 사실도 한참 지나서 알게 되었다.

얼마 전에 허리통증으로 한의원에 가서 봉 침을 맞으러 왔다고 했더니, 의사가 "함부로 맞는 게 아니다."라며 소상하게 설명해 주었다.

봉 침은 양면성이 있다고 했다. 벌의 독이 생명을 죽일 수도 있고 죽어가는 생명을 살릴 수도 있다는 거다. 내가 당한 땅벌의 침은 후자의 복(福) 침이었던가? 어머니 말씀대로 나는 팔십 평생 살아오면서 잔병치레를 모르고 지냈다.

그러나 나무 꼬챙이에 찔린 정강이 환부는 흉한 상처가 되어 오래도록 훈장처럼 나를 따라다녔다. 잊을 만하면 눈에 뜨이곤 해서 아픈 추억을 되새기게 하더니만 그것도 어느 날부터 슬그머니 사라지고 없다. 세월이 약이었나 보다.

남은 것은 아직도 귓전을 맴도는 어머니의 고마운 말씀이다. "너는 이제 잔병은 없을 거다."

광복절이 오면

해마다 광복절이 오면 일본 나가사키에서 원폭에 희생되신 아버지가 생각난다. 돌아가실 때 연세가 서른셋이었다. 끝내 유해를 찾을 수 없었으나 그때 그곳에 계셨으니 미루어 짐작할 뿐이다.

아버지는 빈한한 우리 집안을 일으켜 세우려고 2차 세계대전이 일어나기 몇 해 전에 일본으로 건너가셨다. 나가사키에서 종이 관련 사업을 하셨다. 점차 사업이 자리를 잡아가자 삼촌도 일본으로 데려갔다. 아버지와 삼촌은 열심히 노력해 번 돈을 고향의 가족에게 보냈다. 그 덕분에 우리 4남매 중 장남인 형님은 서울의 보성중학교에 유학할 수 있었다.

내가 태어날 때 아버지는 일본에 계셨다. 나는 일생에 아버지와 마주해본 적이 단 한 번뿐이었다. 세 살 무렵 일본에서 잠시 귀국해서 나를 안아주었던 어렴풋한 기억이 전부이다.

해방 이듬해, 나는 초등학교에 입학했다. 철이 들면서 아버지의 그늘이 늘 아쉬웠다. 홀로 고생하는 어머니를 바라볼 때면 '아버지만 살아 계셨으면…' 하는 원망과 서러움이 북받치곤 하였다.

남들처럼 아버지라고 부를 수 있는 사람이 없다는 것은 큰 상실감이 되어 상처로 남았다. 하지만 나의 아픔이 청상과부가 되신 어머니에 비할 수 있으랴. 어쩌다 몰래 어머니가 눈물짓는 모습을 볼 때면 너무도 가엾어서 따라 울곤 했다.

해방되고 난 후에도 수년이 지나도록 할아버지와 어머니는 틈만 나면 읍내 쪽 먼 산을 바라보며 아버지와 삼촌의 소식을 기다렸다. 기적을 바라는 마음으로 며칠에 한 번씩 다녀가는 우체부의 눈치를 멀찌감치 서 살피셨다. 막상 우체부가 다녀가고 나면 두 분은 더 심란해했다. 얼마나 애간장을 녹이셨을까?

나는 철딱서니 없이 어머니께 물어본 적이 있다.

"엄마, 누구 편지 기다려?"

"음, 아니다. 됐다."

우리 집안은 활력을 잃어갔다. 밖에서 놀다가 돌아오면 할아버지는 내 머리를 쓰다듬며 "불쌍한 것!"하고 한숨을 내쉬었다. 할아버지는 점차 말씀이 줄어들었다. 흰 수염을 길게 기르신

인자한 훈장님이었는데 그것마저 그만두시고 일가친척과 왕래도 끊었다. 아버지와 삼촌을 동시에 잃은 슬픔을 감당하시기 어려웠으리라.

고등학교에 입학하면서 나는 낯선 경주로 유학을 갔다. 그 무렵에 형님이 경주의 한 초등학교 교사로 근무하고 있었기에 형님에게 얹혀서 학교에 다닐 예정이었다. 하지만 형님은 연로한 할아버지를 모셔야 하므로 내가 입학하기도 전에 다시 고향이 가까운 청송초등학교로 근무처를 옮기게 되었다.

나는 어쩔 수 없이 경주라는 낯설고 물선 곳에서 홀로 독립할 수밖에 없었다. 그때 비로소 가족의 품이 고마운 것을 알게 되었다. 어머니 옆에서는 배가 고프거나 몸이 아파도 서럽지 않았다.

그러나 유학 생활 3년간은 왜 그리도 서러운 일이 많았는지? 생활비와 학비를 조달하지 못해 처음으로 아버지를 원망해보기도 했다. 어린 마음에 어디엔가 기대고 싶었지만 기댈 곳이 없었다. 그 고적함은 내 가슴에 커다란 구멍을 뚫어놓았다.

고3 때의 기억이다. 청도 출신 Y와 함께 자취생활을 한 적이 있었다. 그의 아버지는 이따금 아들의 자취방을 둘러보러 오셨다. 그때마다 쌀과 맛있는 반찬 그리고 장작을 실어다 놓고 가셨다. 덕분에 나도 따스한 온돌방에서 마음껏 뒹굴어 볼 수가 있었다. 아버지의 그늘이 이렇듯 따뜻한 것인가 싶어 눈물이 났다.

할아버지는 해방 후에도 10년이 지나도록 아버지 제사를 모시지 못하게 하셨다. 살아 있을지도 모른다는 실낱같은 희망을 그 때까지 놓지 않으셨다. 보다 못한 집안 어른들이 설득에 나선 다음에야 겨우 허락하셨다. 기일(忌日)은 나가사키에 원자폭탄이 떨어진 8월 9일로 정했다.

어머니는 아버지 산소가 없어 늘 미안해하셨다. 87세에 돌아가시면서 그때 비로소 우리 형제에게 유언을 남기셨다. "내가 가지고 있는 아버지의 유품으로 합장해다오." 그 유언에서 오랜 세월 한을 삭인 어머니의 진심이 느껴졌다.

1993년 양력 섣달그믐날, 어머니는 외롭게 사시다가 돌아가셨다. 그날따라 발목이 잠길 만큼 눈이 많이 내렸다. 아버지가 어머니의 마지막 길을 위해 은백색 융단을 깔아 주신 것일까?

어머니 유언대로 두 분 산소를 고향에서 멀지 않은 안동 길안면 선영에 합장하여 드렸다. 나는 산소 앞에 엎드려 '아버지'를 실컷 부르며 통곡하고 싶었다. 그러나 마음과는 다르게 내 입에서 '아버지!'란 소리를 뱉어내지 못했다. 어려서부터 켜켜이 쌓인 아버지에 대한 한(恨)이 혀를 굳어버리게 했는지도 모른다.

우리 민족의 경축일인 광복절, 나는 그날을 마냥 기뻐할 수만은 없다. 해방을 아버지의 죽음과 맞바꾸었으니까. 그날이 오면, 나무 속 옹이처럼 가슴 깊숙한 곳에 박혀있던 서러움이 하나하나 되살아나 잠을 설치게 한다.

고향 유정(有情)

나는 고향이 두 곳이다. 경북 안동시 지례마을과 의성군 사촌 마을이다. 두 곳 모두 시골이지만 400~600년이 넘는 유서 깊은 고장이다.

아버지의 고향은 지례마을이다. 아버지는 일찍이 외지로 눈을 돌리셨다. 사업차 일본 나가사키로 가시면서 가족을 사촌마을에 이주시켜 놓았다. 그곳은 어머니의 고향이자 친정이다.

나는 사촌마을에서 태어났다. 초·중학교를 모두 그곳에서 다녔다. 고등학교는 잠시 경주에서 다녔으나 방학이 되면 언제나 사촌마을로 돌아오곤 했다. 여름이면 앞산 밑 소(沼)에서 작살로 물고기를 잡으며 수영 솜씨를 뽐냈고, 계절 따라 수박 서리, 사과 서리를 하다가 들켜서 혼쭐나게 도망치던 기억이 난다. 겨울에는 동네 웅터(작은 물웅덩이)가에 모여서 손수 만든 썰매로 달리기 경주를 하였고 따뜻한 담장 밑에서 제기차기, 딱지치기, 말 등타기, 팽이 돌리기 등으로 체력단련을 했던 곳이다.

"너는 고향이 어디냐?"

"예, 사촌이에요."라고 서슴없이 대답했다. 스무 살이 되도록 정을 붙이며 살아온 고향이다.

나는 대학에 진학할 형편이 아니어서 고등학교를 마치고 청송군 내의 C초등학교에 임시교사로 들어갔다. 일자리를 구하기 어렵던 시절이었다. 2학년을 맡았다. 수업 시간인지 놀이시간인지 분간치 못할 만큼 시끌벅적한 교실에서 하루에 네댓 시간씩 목청을 돋우며 코흘리개들과 입씨름했다. 선천적으로 성대(聲帶)가 나빴던 탓에 그렇게 고함치고 나면 일과 후에는 파김치가 되었다.

학기 말 즈음인데 어느 날 수업을 마치고 귀가하는 길에 냇가에 쓰러졌다. 한참 뒤 정신을 차려보니 목에서 피가 나왔다. 예사롭지 않아서 그 학기를 끝으로 사표를 썼다. 어디서 무엇을 하든 적응할 수 있으리라 자부했었는데 허약한 내 모습을 보고 자괴감이 들었다.

선생이란 직업이 적성에 맞지 않음을 깨닫고, 고심 끝에 서울행을 결심했다. 어떻게든 대학에 진학해서 달리 살아갈 방도를 찾도록 해야겠다는 다짐을 하면서 두 주먹을 불끈 쥐고 정든 사촌마을을 떠났다. 그 길이 내 고향 사촌마을을 떠나게 된 마지막 발걸음이 될 줄은 몰랐다.

서울 외삼촌 댁에서 3~4개월을 무위도식하며 일자리를 애타게 찾아다녔다. 모든 게 뜻대로 되지 않아 풀이 죽어 있을 때, 지례마을의 큰집 형님의 소식을 듣게 되었다. 곧바로 큰집을 찾아갔다. 처음 뵙는 형님이었다.

나에게는 3, 4, 5, 6촌의 가까운 친족이 없었기에 그 형님이 가장 가까운 삼종 형님이었다. 하지만 우리 가족은 지례마을을 떠난 지 오래인데다 아버지가 일찍 세상을 뜨신 바람에 고향과의 내왕이 별로 없었던 처지였다. 사실 우리 형제에게는 지례마을과 큰집 사람들이 모두 낯설기만 했다.

큰집 형님은 미8군 산하에서 용역업을 크게 하고 있었다. 덕분에 나는 대학 진학의 꿈을 키울 수 있는 좋은 일자리를 얻었다. 암담하기만 하던 앞길이 열렸다. 그뿐만 아니라 선대 조상님들이 살던 진짜 내 고향과 고향 사람들을 만날 좋은 기회였다. 나의 뿌리인 지례마을을 찾게 되어 무척 기뻤다.

"학생은 고향이 어딘가?"

"예, 지례입니다."라고 떳떳하게 밝힐 수 있었다.

지금까지는 "지례입니다.", "사촌입니다."라고 내 마음대로 둘러대던 고향이었는데, 가까운 곳에 아버지의 고향을 두고 한 번도 찾아가 보지 못했던 까닭이 무엇이었을까?

지례마을은 아주 깊숙한 두메산골이다. 아버지가 계셨더라면 성묘나 집안의 대소사가 있을 때 우리 형제를 데리고 자주 내왕하셨을 것이다. 또 다른 이유는 교통편이 나빴기 때문일 것이다. 할아버지는 일 년에 한두 번씩 전소길(奠所길)*에 드시곤 했는데 산길을 걸어 보통 달포쯤 걸려서 고향을 다녀오시곤 하던 기억이 난다.

늦게나마 고향을 찾아서 기뻤다. 하지만 얼마 누려보지 못하고 다시 또 고향을 잃게 되었다. 1984년에 안동 임하댐을 건설하는 바람에 우리 지례마을이 몽땅 물속에 잠기게 되었다. 수몰 직전에 한 번 다녀오긴 했으나 고향에 대한 추억은 아무것도 남은 게 없다. 아버지의 얼이 깃든 고향 집이라도 보전할 수 있었으면 좋으련만 아쉬움만 남아있을 뿐이다.

내가 태어난 사촌마을도 마찬가지다. 오랜 세월을 외지에서 떠돌다가 돌아가 보니, 외가 대소가들은 모두 도회지로 이주했고 낯선 얼굴들만 동네를 지키고 있었다. 매정한 세월에 어릴 적 소꿉친구들도 모두 뿔뿔이 흩어졌고, 뛰어놀든 산천들도 낯가림할 만큼 변해 있었다.

고향과는 연이 없었던 탓인가? 한 번도 조용하게 고향을 찾아볼 겨를이 없었고, 고향에서 즐겨 볼 수 있는 기회를 가져 보지 못한 채 모두 내 곁에서 멀어져 갔다. 고향을 두 곳에나 두었다고 뽐내며 살던 어린 시절이 그립다.

고향은 백 년이고 천년이고 나를 기다려 주리라 믿었다. 속절없는 세월이 고향마저 앗아가리라고는 생각지 못했다. 멈춰선 동구 밖 물레방아가 눈에 어른거릴 때면 더욱 서글프다. 나이 탓도 있겠지만, 노을이 지면 수구초심(首丘初心)을 노래한 지촌 주손(胄孫) 김원길의〈고향〉이라는 시구(詩句)가 생각난다.

산에 들에 나니는 새들 / 유별나게 마음 가는 꽃가지 있듯 / 세상을 팔난봉으로 헤매 다녀도 / 돌아가 쉬고 싶은 고향 있었네.

임하댐 건설에 대비하여 지촌 종택을 뒷산 중턱으로 이건(移建)하였기에 다행이지, 아니었더라면 망향의 허전함을 어디서 달랠까? 두 곳이나 되었던 내 고향은 예로부터 학문을 중시했고 유교 예절이 남달라서 외지 사람들이 부러워하던 곳이었다. 하지만 이제는 추억으로만 남아있을 뿐이다. 찾아갈 곳도 반겨 줄 사람도 없는….

"아저씨는 고향이 어디세요?"

"……"

*전소길(奠所길) : 가을걷이 후에, 이곳저곳에 산재해 있는 산소를 둘러보고, 시제를 지내고 돌아오는 길을 뜻함

경주고 유학기(遊學記)

고향 의성에서 점곡고등공민학교(3학년 말에 중학교로 승격)를 다녔다. 나는 고교진학 문제로 많은 고심을 했다. 아버지를 일찍 여의어서 열한 살 위의 형님이 우리 집 가장이었다. 초등학교 교사였던 형님은 아홉 식구를 감당하고 있었다.

나는 진로 문제를 혼자 결정할 수 없어 멀리 경주에 있는 형님을 찾아갔다. 반갑게 맞아주는 형수님과 이런저런 얘기를 나누고 있으려니 밤늦게 형님이 귀가했다.

"형님요! 경주고에 저도 시험 한번 쳐 볼까요?" 하며 느닷없이 들이댔다. 근심 어린 표정으로 담배 연기만 내어 뿜던 형님이 한참 만에 고개를 끄덕였다.

"그래! 쳐 보아라." 뜻밖의 허락에 뛸 듯 기뻤다.

그러나 사실, 우물 안 개구리인 내가 너무 높이 뛰려고 하는 것이 아닌가 싶어 걱정이 앞섰다. 내 실력으로 경주고 같이 이름 있는 학교에 합격한다는 것은 어림없는 일 같아 보였기 때문이다.

두근거리는 가슴으로 발표를 보러 갔다. 합격자 명단에 내 이름이 올라 있었다. 할아버지께서 늘 하던 말씀대로 '아버지의 보살핌인가?'싶었다. 나도 형님도 놀랐다. "기왕에 합격했으니 어떻게든 다니도록 하자!" 형님은 나에게 용기를 불어넣어 주셨다.

그러나 신학기가 되면서 형님은 할아버지를 모시기 위해 예정대로 고향 근처의 학교로 전근 가기로 되어있었다. 형님에게 얹혀살 계획이었는데 뜻밖에 경주에서 나는 자취생활을 할 수밖에 없었다.

첫 학기는 형님이 살던 셋방에서 지낼 수 있었다. 2학기부터는 경주상고에 다니는 고향 선배 H형과 함께 지내기로 했다. 방학을 마치고 어머니와 형수님이 챙겨주신 약간의 돈과 쌀 한 말, 멸치볶음 한 병을 둘러메고 경주로 내려왔다. 얄팍한 주머니 사정은 내 가슴을 두근거리게 했다.

난생처음으로 가족이 아닌 사람과 낯선 곳에서 식구처럼 지내게 되었다. 생활비는 물론 학교에 낼 공납금도 준비하지 못했다. 하지만 용기를 내어 학교에 다녔다. 선생님이 공납금 독촉을 가끔 했었다.

그럴 때마다 기가 죽고 낯이 뜨거워 어쩔 줄 몰랐다. 조회 시간이나 무슨 단속이 있을 때는 선생님의 눈을 피해서 뒷문(서천 쪽 탱자나무 울타리 밑)으로 드나들기도 했다. 마음속으로는 '나중에 돈을 벌어서 몇 배로 갚아 드리겠습니다.'라고 수백 번도 더 되뇌었다.

2학년에 올라갔다. L이 또 같은 반이 되었다. 그가 어느 날인가부터 예상외로 내게 호의를 보였다. 하지만 불량기가 많아 보여서 그를 가까이하고 싶지 않았다. 그런데 그의 어머니가 나를 집으로 초대했다.

"네가 자취하느라 고생이 많다며? 우리 집에서 L과 함께 공부하면 어떠냐?" 지푸라기라도 잡고 싶던 차에 고마운 그 말씀을 놓치고 싶지 않았다. 나도 모르게 그만 어머니 앞에서 그렇게 하겠다고 다짐하고 말았다.

그런데 한 달, 두 달 지나면서 나는 생각잖게 거짓말쟁이가 되어갔다. 여전히 L이 불량 친구들과 패거리를 지어 다니며 주먹질하는 것을 못 본 척하고 눈감아 줘야 했기 때문이다. 어머니를 대하기가 죄스러워서 진수성찬이 목에 걸리고 포근한 잠자리가 가시방석 같았다. 용기를 내어 어머니께 이실직고하고 싶었지만, 어머니의 충격이 너무 클 것 같아 그럴 수가 없었다.

고심 끝에 내가 그의 집에서 나와 버리기로 작심했다. L에게 그러한 내 뜻을 밝혔다. 그는 나에게 협박했다. "이 새끼! 너 나가는 것은 좋은데 엄마한테 허튼소리 하면 죽어!" 그런 L이 몹시 야속하고 겁이 났다.

3학년이 되어서는 청도 출신 Y와 함께 자취했다. 그는 우리 반에서 키가 제일 컸다. 키만큼이나 마음도 넉넉한 친구였다. 그의 아버지는 시골 부농(富農)이었다. 가끔 자취방에 들러 쌀과 반찬 그리고 장작을 실어다 주고 가셨다. 그 덕분에 나도 따뜻한 방에서 맛있는 밥을 먹으며 호강할 수 있었다.

그런데 그런 생활이 오래가지 못했다. 오히려 나를 불편하게 만들었다. 내가 맛있는 황남빵이라도 사서 나눠 먹을 형편이 되지 못했기 때문이다. 얹혀사는 처지가 되고 보니 날이 갈수록 미안해서 함께 지낼 수가 없었다. 마음이 편치 못하니 그의 호의가 점점 더 부담스러워졌다. 유유상종이란 말을 이해할 수 있었다.

2학기에는 다시 유림의 내 자취방으로 돌아왔다. 내가 갈 곳이 없을 때 갈 수 있는 유일한 집이었다. 그 집 주인은 상이군인 아저씨였다. 내외가 자식도 없이 외롭게 살았다. 그래서인가 나를 피붙이 대하듯 언제나 반겨 주었다. 나도 그분들을 의지하며 눈치 없이 3년 동안 거의 절반의 시간을 내 집처럼 드나들었다.

축담도 없는 나지막한 초가집이었다. 여름에 장대비가 쏟아질 때는 빗물이 방으로 튀어들었다. 하지만 나는 그 집이 편하고 좋았다. 그 방에 들어서면 머리가 천장에 닿았다. 그렇지만 어머니 품속같이 아늑했다. 가난한 사람들끼리 자연스럽게 느낄 수 있는 '포근함'이 그 집에는 언제나 가득했다.

유학 생활 3년이 무척 길고 지루했다. 학기가 바뀔 때마다 나는 살림 보따리를 메고 방을 옮겨 다녀야만 했다. 그토록 경주에는 내가 설 땅이 없었던 것 같다.

졸업식 날이 되었다. 졸업식에 참석하기 위해 학교로 가고 있었다. 하지만 야릇하게도 내가 닿은 곳은 경주역이었다. 거짓말을 많이 했던 탓에 선생님들을 뵐 낯이 없었고, 마음으로 진 빚이 너무 많아서 친구들도 만나기가 면구했다. '나중에 돈을 벌면 그때 와서 졸업장을 받을게요.'라고 마음속으로 다짐하면서 아쉬운 발길이었지만 그길로 경주를 떠났다.

졸업 60년 만에 까마득한 기억을 더듬으면서 나는 모교를 방문했다. 학창 시절에 혼자 마음속으로 했던 그 약속을 지키고 싶었다. 재단 이사장과 교장 선생을 뵙고 일억 원으로 학교에 보탬이 될 수 있는 유익한 일을 하고 싶다는 뜻을 전했다.

학교에서는 그 돈으로 재학생을 위한 '스터디 카페'를 만들었다. 교실 3개 정도의 규모였다. 그리고 카페의 명칭을 'NABAKEM 時習室'이라 명명했다. 내가 설립한 회사의 브랜드인 'NABAKEM'을 앞에 넣고 논어의 학이편에 나오는 "學而時習之 不亦說乎(배우고 때때로 익히면 또한 기쁘지 아니한가?)."에서 '시습(時習)'을 따서 만든 멋진 이름이었다.

영광스러웠다.

"공기는 비행하는데 저항이 됨과 동시에 비행의 필수 조건이다."라는 말이 생각났다. 억지를 부리며 다닌 '경주고 유학'이 나에게는 바로 공기 같은 존재였다.

두 마리 토끼몰이

　기다려지는 토요일이 있어 좋다. 경주중·고에서 동문수학하던 동기생들의 모임이 있는 요일이다. 중 16회와 고 7회 졸업생을 아우르는 모임인데 약칭 '16·7 동기회'라 칭한다. 1952년 4월에 중학교에 입학해서 1958년 2월에 고등학교를 졸업한 570여 명(동창명부 기준) 신라화랑의 후예들이다.

　어느새 모두가 70줄에 들어선 노병(老兵)들이다. 한창 활동하던 시기에는 수도권에 120여 명의 회원이 있었다. 지금은 절반 수준으로 50~60명 정도가 거주하는 것으로 안다.

　건강관리를 위해 매주 토요일이면 서울대공원에 모이는 동호인들이 18명이나 된다. 나도 20여 년 전에 가입했으나 생활 무대가 평택이어서 그동안에는 성의 있게 참여하지 못했다. 맑은 공기 마시며 어울려 노는 재미는 물론, 늘 업무에 쫓기던 나로서는 신선하고 상큼한 맛이 있는 모임이었다. 차(車) 안에서 지내는 시간이 많았던 나로서는 즐거운 운동시간이기도 하다.

늙어가면서 건강을 챙기고 우정도 녹슬지 않게 하려고 안간힘을 쓰는 모습이 짠하다. 나도 요즘에는 빠지지 않고 어울려서 두 마리 토끼를 잡으려고 노력하고 있다. 눈이 오나 비가 오나 상관치 않고 오전 11시에 모여서, 서울대공원 둘레길을 2시간쯤 걷는 것을 기본으로 한다. 걷는 거리는 약 7~8km 정도로 무리가 되지 않을 만큼이다. 각자가 지참해 온 음식물로 가볍게 군것질하고, 하산하여 사당역이나 교대역 부근에서 따끈한 식사를 하며 약주도 한잔 곁들이는 게 통상 하는 일이다. 그리고 오후 3시쯤에 해산하는 걸 원칙으로 한다.

회원 중에 5~6명은 2차 모임을 즐긴다. 나도 거기에 포함된다. 누가 먼저라 할 것도 없이 이심전심으로 2차 모임이 어우러진다. 이른바 '고스톱' 화투 놀이다. 장소는 서초동 제1캠퍼스(L의 사무실)나 시흥동 제2캠퍼스(나의 사무실)를 주로 이용한다.

우리는 이 2차 모임에다 '칠일장'이란 이름을 붙였다. 매 7일마다 열리는 장터라는 뜻에서 따 왔다. "장 보러 가자.", "2차는 없는가?", "고스톱 안 해?", "오늘은 장이 안 서는가?" 등등 중구난방으로 불리던 것을 품위 있게 또 누가 듣더라도 거부감이 없게끔 다듬은 우리만의 통용어이다.

칠일장의 매력은 운영 룰(Rule)에 있다. 첫째는 화투 놀이지만 '도박성'을 철저히 배제한다. 1인당 기본 투자금을 5만 원으로 한정한다. 그리고 판마다 수익금의 30%를 징수한다. 당일 놀이에서 장원(4만 5천 원 이상 딴 사람)을 한 사람은 투자금의 90%까지만 돌려받는다. 나머지 돈으로는 만찬을 즐긴다. 사용하고 남은 돈과 각자가 가진 남은 돈을 합산하여 장원을 제외한 인원수로 배분(1/N)하여 손실을 보전해 주는 방식이다. 따지고 보면 결국 자기 돈으로 만찬을 즐기는 셈이다.

다음은 운영시간을 철저하게 지킨다. 대개 오후 3시에서 오후 7시까지 놀고 저녁 식사 후에 헤어진다. 그 외에 시시비비가 되는 문제는 심판관의 해석에 따르기로 한다. 심판관은 주로 C 회원이 맡아 보고 있다. 실제로 법률전문가도 있지만, 칠일장에서는 '칼날'이라는 별명을 가진 C에게 모든 분쟁의 판결권을 맡긴다. 그래서인지 노름판 뒤에 흔히 볼 수 있는 언쟁이나 불평은 전혀 없다. 언제나 웃으며 모이고 부담 없이 즐기는 놀이로 자리매김하고 있다.

고스톱은 '국민오락'이라 할 만큼 우리 민족의 대부분이 즐기는 놀이다. 정신건강에도 도움이 된다고 한다. 70줄의 노인들이 즐길 수 있는 손쉬운 오락이기도 하지만 실제로 치매 예방과 뇌 기능 운동에도 효험이 있다고 하니 얼마나 다행인가.

칠일장은 '우정'과 '건강'을 재생산하는 놀이마당이기도 하지

만 늙어가는 우리에게 신선한 활력소의 역할을 해주기에 무척
고맙기도 하다.

　단골 회원 여러분의 성원에 나로서는 심심한 감사를 드리며
'우정'과 '건강'이라는 두 마리 토끼몰이가 변함없이 오래도록 지
속되어 주기를 간절히 바란다.

'믿음'은 힘이다

정초의 햇살이 따사롭다. 늦잠을 자다 깨어보니 쫓기는 꿈을 꾸며 엄마를 찾고 있었다. 사람은 어딘가에 의지하고 싶은 본성을 가진 모양이다. 어릴 때는 "아이고 엄마!" 하면서 다급하거나 위험할 때 엄마를 찾았다.

성인이 되어서는 그런 경우 "아이고 하나님!" 하는 게 일반적이다. 하느님을 섬기는 기독교인이 아니라도 그렇다. 이런 심리는 강인해 보이는 사람에게서도 볼 수 있는 자연스러운 반응이다.

1967년 후반에 HAR(Hankook Aluminium Refinery Co. Ltd)의 입사동기생 40여 명이 울산에 내려와 진을 치고 있었다. 같은 하숙집에 기거하던 K가 어느 날 백운학 선생이 울산에 왔는데 "관상을 보러 가자!"라고 채근했다. K는 나와 가깝게 지내는 대학 동문이었다.

　마침 그날은 일요일이었고 마땅히 할 일도 없었다. 하지만 나는 그런 것에는 흥미가 없어 "혼자 갔다 와!"라고 거절했다. 시차를 두고 "동행해 달라."는 친구의 극성을 뿌리치지 못하고 점심 후에 결국엔 따라나섰다.

　나는 시골 태생이지만 어릴 적부터 관상, 수상, 점 같은 걸 믿지 않고 멀리했다. 그렇다고 뚜렷한 종교를 가진 것도 아니었다.

　울산 시내 월평이라는 신도시 어느 여관방으로 찾아갔다. 멋쩍게 친구의 뒤를 따라 백운학 선생의 방으로 들어섰다. 그는 머리가 벗어지고 풍채가 좋은 60대 초반으로 보이는 신사였다. 휴일이고 대낮이어선지 명성에 비해 한산했다.

　K가 그의 앞에 대좌하고 앉아서 한참을 주고받고 하는 자세가 너무도 진지해 보였다. K가 물러나면서 "야! 너도 한 번 봐!"하며 자리를 비켜 주었다. "아냐, 나는 됐어!" 하고 손사래를 쳤다. "온 김에 여기 와 앉아 봐요" 하며 백운학 선생도 시선을 나에게 쏟았다.

　어쩔 수 없이 엉거주춤하게 그의 앞에 가서 앉았다. 그가 나를 똑바로 바라보며 '생년월일과 시와 이름'을 묻고서 한참 쳐다보더니 "내가 울산에 온 지 1개월째인데 지금까지 본 관상 중에 두 번째로 좋은 상입니다. 참 좋은 상입니다. 아주 귀하게 되실 상입니다." 하면서 더 이상 말을 걸지 않고 물리쳤다.

순간 나는 기분이 좋아서 지갑을 꺼내 500원권 두 장을 테이블에 던지다시피 얹어놓고 후다닥 일어났다. 가슴이 방망이질 쳤다. 그의 앞에 가서 앉을 때까지만 해도 '친구가 복채를 냈으니 나는 덤으로 보겠거니' 하고 복채 낼 생각도 하지 않았는데 말이다. "참 좋은 상입니다." 처음 들어보는 소리였다. 세상에 태어나 처음으로 받아보는 칭찬(?)이었다.

K는 나와는 달리 호탕한 성격이다. 흠이라면 말을 약간 더듬었다. "야! 김~ 계장! 그~냥 갈 수 없지! 귀하신 몸이 돼~셨는데…." 그의 말뜻을 금방 알아차렸다.

하숙집은 구시가지 중심인 옥교동에 있었다. 모처럼 월평 신시가지에 나왔으니 그냥 돌아갈 기분은 처음부터 아니었다. 내가 백운학 선생 앞에 앉지 않았다면 으레 그날의 호스트는 K였다.

그런데 백운학 선생의 말 한마디에 주객이 바뀌고 말았다. "귀~하신 우리 김 계장, 어~디로 모실까요?" K의 익살과 능청에 당할 재간이 없었다. 관상가의 말을 엿듣고 어느새 우려먹을 계산을 했던 모양이다.

우리는 몇 번 들른 적이 있는 언양 갈빗집으로 직행하였다. 심심하던 참에 주기가 거나하도록 주거니 받거니 했다. 그날은 기분도 좋았지만 서른이 넘은 노총각들의 인생 넋두리도 길었다. 해가 서산 쪽에 한참이나 남아있을 무렵에 벌린 술자리였는데 하숙집에 돌아오니 밤 9시 뉴스를 하고 있었다.

나름으로 미신을 금기(禁忌)로 알고 오늘까지 30년을 지켜왔는데 그것을 깨고 말았다. 그러나 '좋은 관상'이라는 말 때문인지 기분은 구름 위를 날고 있었다. 잠을 청해 보았지만 허사였다. 천정에다 온갖 설계도를 그리느라 긴 겨울밤을 지새웠다.

　철저하게 나 자신만을 믿으며 미신을 멀리하고 살았던 내가, 날이 갈수록 그 예언을 믿고 싶어졌다. 차츰차츰 그 소리를 믿게 되면서 나도 모르게 자기도취에 빠져들고 있었다.

　"아주 귀하게 되실 상입니다." 잊어버리려고 고개를 저어 보았으나 그날 이후로는 실제로 귀한 몸이라도 된 것처럼 모든 일에 자신감을 가질 수 있었으며 여유로움이 생겼다.

　'믿음'이란 이런 것인가? 자기모순일 수 있겠지만 나이를 먹을수록 변화에 민감해지는 나를 보게 되었다. 그때마다 백운학 선생의 예언이 떠올랐고, 나도 모르게 새로운 힘이 생겼다. 어려움이 닥칠 때일수록 더 기대고 싶었다. 무언가 확실치는 않아도 신앙에 가까운 믿음이었다.

　그 '믿음'에는 나만이 느끼는 큰 힘이 늘 함께하고 있었다.

봄에 취하다

시계 알람 소리에 눈을 떴다. 유리창 너머에 공설주차장 바닥이 젖어 보였다. 창문을 열고 내다보니 이르다 싶은 봄비가 밤새도록 대지를 촉촉하게 적셔 놓았다.

여느 때처럼 한강공원을 산책하려고 오전 10시경 집을 나섰다. 요즘은 걸음걸이가 무겁고 속도가 늦어 걷는 게 힘겨울 때가 많다. '내 몸을 기계로 치면 거의 내구연한에 가까워지지 않았을까?' 이 정도만 해도 다행이라고 스스로 위로했다.

비 온 뒤라 공기가 향긋했다. 마포 나들목에서 신수 나들목으로 가고 있는데 무엇인가 내 시선을 끌어당겼다. 수양버들이었다. 볼 때마다 안쓰럽다는 생각이 드는 나무였다. 넓은 땅을 두고 어쩌다 저런 벼랑 끝에 매달려 힘겹게 살아갈까?

장마철에 어디선가 떠내려오다가 이곳 강둑에 달라붙어 더부살이하는 나무였다. 비스듬히 강 쪽으로 드러누운 모습이 언제 보아도 불안하고 금방이라도 쓸려가 버릴 듯하다. 강물이 불어나면 아래쪽 가지들은 물에 푹 잠긴다. 강물에 시달리며 살아가는 저 모습이 흡사 서부영화에서 보았던 떠돌이 유랑자를 연상케 한다.

어느새 앙상하던 그 수양버들에 가지마다 파~란 움이 촘촘히 돋아나와 구름에 가린 달덩이 모습을 하고 있었다. 갓 목욕을 마친 말간 아기의 얼굴 같기도 했다. 자신은 초라해도 자식만은 귀티 나게 키워보려는 부모의 모습을 보는 듯했다. 내가 이 수양버들과 인사를 나누며 지내는 세월이 스무 해가 넘었는데 그 질긴 생명력에 탄복하지 않을 수 없다.

이슬비가 그치지 않아 하늘은 뿌연 잿빛이다. 그 아래 갈 빛을 띤 한강 물이 유유히 흐르고 있다. 그 풍경을 배경으로 수양버들이 연둣빛으로 치장하고 나를 유혹하며 서 있다. 뒤쪽으로 저만큼 황포돛배, 어염선 한 척을 띄운다면 참으로 멋진 한 폭의 동양화가 되었을 법하다.

수양버들을 지나 걸음을 재촉하고 있는데 길섶에 돋아난 파릇파릇한 새싹들이 눈길을 멈추게 한다. 엊그제 이곳을 지날 때만 해도 보이지 않았는데…. 아마 그때는 흙먼지를 뒤집어쓰고 있다가 간밤에 내린 봄비가 깔끔하게 샤워해 준 덕분이리라.

새싹들은 우중충한 겨울옷을 벗어 던지고 화려한 봄옷으로 갈아입었다. 온갖 자태를 뽐내는 모습이 정말 귀엽다. 쑥과 클로버를 제외하고는 이름 모를 잡초들이었지만 하나같이 눈길을 돌릴 수 없을 만큼 매혹적이다. 그 자리에 한참을 머물러 있었다.

어디선가 봄 냄새가 풍겨왔다. 움츠렸던 가슴이 활짝 열리며 발걸음도 가벼워졌다. 허리를 쭉 펴고 목을 길게 뽑아 강 건너 밤섬을 바라보았다. 밤섬에는 아직 잔설이 남아있는데 거기에도 봄이 찾아왔나 보다. 적막하던 그곳에서도 수양버들이 움을 틔우는 소리가 들려오는 듯했다. 머지않아 청둥오리 떼도 이곳을 찾아올 모양이다.

봄은 새 생명을 동반하고 찾아오는 희망의 계절이다. 하지만 지난 2년간 우리는 봄다운 봄을 누리지 못했다. 코로나 팬데믹이 우리 마음을 꽁꽁 얼려 놓았던 탓이다.

서강대교 아래에 다다랐다. 봄기운을 온몸으로 흡수하려고 심호흡을 여러 번 했다. 얼어붙었던 내 마음이 녹는 것 같았다. 지척에 있는 양화대교는 아직 운무가 걷히지 않아 흐릿하게 보였다.

반환점을 찍고 집으로 돌아오는데 알 수 없는 에너지가 몸속에서 솟구쳤다. 그때 떠오르는 생각이 '그래, 내구연한이 다 되어도 잘 관리하면 100세는 문제없겠어.' 발걸음에 용수철이 붙었는지 대지를 디디는 기분이 힘차기만 했다.

술에 취한 듯 봄에 취한 듯.

신의 한 수

20년간 경기도 부천에서 화학공장을 운영했다. 공장이 협소하여 좀 더 넓은 곳으로 옮기고 싶었다. 서울에서 멀어지면 사업에 지장이 클 것 같아 가능하면 평택 부근에서 부지를 물색하는 중이었다. 비 도시형 업종이기에 도시 부근에서는 마땅한 부지를 구하기 어려웠다.

천신만고 끝에 평택시에서 분양하는 C 산업단지에 4천 평짜리 부지를 발견했다. 마지막으로 남아있는 한 필지였다. 그것을 보는 순간 무슨 횡재라도 한 듯 마음이 들떴다. 그날부터 그걸 놓치지 않으려고 뛰어다녔다.

첫 관문은 업종의 적합성 검토였다. 시청 쪽과는 여러 차례 실랑이를 벌인 끝에 간신히 큰 고비를 넘겼다. 이번에는 회사 내부에서 부지가 너무 넓은 것 아니냐는 의견이 나왔다. 임원중에는 공장을 한꺼번에 열 배로 넓히는 게 무리가 아니냐며 걱정하는 이가 있었다. 비용 부담은 크지만 먼 훗날을 내다보고 매입하기로 했다.

그동안 부천에서 겪은 고초는 이루 헤아릴 수 없이 많았다. 협소한 장소에서 수십 종이 넘는 인화물질을 다루어야 했기에 어느 하루도 마음 편할 날이 없었다. 좁은 골목 안쪽에 공장이 있어서 대형화물차가 들어오려면 주변 공장에 폐를 끼치지 않으려고 신경을 곤두세워야 했다. 수출품을 실어 나를 때는 큰길에 컨테이너를 세워두고 300m가 넘는 골목길을 지게차로 한 파렛트씩 실어내느라 번거로움이 컸었다. 널찍한 공간에서 편안하게 작업하고, 대형트럭이 마음대로 드나들 수 있는 공장을 가져 보는 게 소원이었다.

2000년 초에 그 부지를 매입해서 1년에 걸쳐 공장을 건축했다. 그리고 이듬해 4월에 이전했다. 처음에는 부지 크기에 비해 건축면적이 작아 썰렁해 보였다. 그래서 공장 주위에 단감나무, 대추나무, 호두나무 등을 심고 사무실 앞에는 소나무정원을 만들었다. 건물 사이의 공터에는 채소밭을 일구었다. 거기에 참외, 고추, 상추, 고구마, 토마토, 옥수수 같은 농작물을 가꾸었다. 틈만 나면 생산부 직원들과 그 텃밭에 매달려 농사꾼 노릇을 했다.

해마다 쏠쏠하게 수확을 올려 휴게시간이나 점심시간에 직원들과 나누어 먹을 수 있는 잔재미가 쏠쏠했었다.

그 무렵, 도시에는 화이트칼라들을 위해 주말농장이 곳곳에 유행하였다. 우리도 기숙사에 기거하는 직원들과 인근에 거주하는 과장급 이상 직원들에게는 텃밭 일을 도운 대신 생산된 채소와 농작물을 나누어 주기도 했다.

북쪽 담장을 낀 약 300여 평 부지에는 원재료 야적장을 널찍하게 만들었다. 사시사철 햇볕이 들고 통풍이 잘되는 곳이어서 안성맞춤이었다. 그 야적장 주변에도 그늘이 짙은 단풍나무와 과일나무를 심었다. 일조량이 많은 곳이어서 해마다 열매가 풍성하게 달렸다. 그중 감과 대추는 갈무리했다가 부모님 제사상에 올리며 효자 노릇도 하였다. 별것 아닌 일이지만 흐뭇했다.

동쪽 담장 쪽에는 일곱 그루의 메타세쿼이아를 경계 목으로 심었다. 그것이 무성하게 자라서 겨울철에는 방풍림의 역할을 해주는 이점도 있었다. 하지만 바늘처럼 생긴 메타세쿼이아 낙엽이 옆 공장으로 날아가서 말썽을 부리기도 했다. 옆 공장은 자동차부품을 생산하는 곳이다. 야적해 둔 각종 부품에 낙엽이 쌓이면 얼어붙어서 청소하기가 어렵기 때문이다. 반면에 여름철에는 옆 공장 직원들이 그 나무 그늘에서 더위를 식히곤 했었기에 큰 문제는 없었다.

우리 공장은 인화성이 강한 유기용제를 많이 취급했다. 정기

소방 점검이 있을 때면 으레 1호 점검 대상이 되곤 했다. 그럴 때마다 "무성한 나무를 없애도록 하라."는 소방관계자의 지시가 있었다. 또 화재 발생 시에는 이웃 공장으로 불길이 번져갈 수 있는 징검다리 역할을 나무들이 하게 된다는 이유였다.

어쩔 수 없어 나무를 베어내기로 했다. 아깝기도 하려니와 애지중지 키워온 나무이기에 정이 들어, 내 살점을 도려내는 듯한 아픔을 느꼈다. 나무들이 일생을 편안하게 살도록 내버려 두지 못한 게 너무 미안했다. 하지만 큰 것을 도모하기 위해 작은 것을 버릴 수밖에 없었다. 나무를 베어내는 그 잔인한 광경을 바라볼 수 없어서 나는 사무실로 돌아와 숨어버렸다. 허탈해서 한동안은 그쪽으로 발걸음을 돌리지 못했다.

그 무렵에는 시중에 노동력이 크게 부족했다. 외국인 근로자도 구하기 쉽지 않았다. 따라서 일손이 달려 채소밭 가꾸는 일도 중단할 수밖에 없었다. 연때가 맞았는지 그즈음에 수출물량도 부쩍 늘어났다. 일거리가 늘어나는 바람에 그 텃밭 자리에는 여기저기에 새롭게 공장건물이 들어찼다.

그것을 본 한 임원의 입에서 나온 말이다.

"그때, 공장 부지를 넓게 잡아 둔 건 '신의 한 수'였어!"

그 소리에 내 어깨가 으쓱 올라갔다.

서울 촌놈의 변(辯)

서울시청에서 반경 20km 이내에 거주해 온 지 수십 년이다. 해서 스스로 '서울 사람'으로 자처하며 산다. 우리나라 최중심부에 살고 있다는 자부심(?) 때문이다. 지금은 사라지고 없으나 시내를 질주하던 전차를 타고 학교에 다녔으니 더할 나위 없는 서울 사람 아닌가? 그런데 오늘 내 입에서 '이런 촌놈이 있나!'라고 한탄을 여러 번 했다.

코로나19 때문에 외출을 삼가다가 모처럼 집사람과 바람이나 쏘일 겸 적당한 곳에서 점심을 먹자며 외출했다. 마땅히 갈 곳이 없던 차에 문득 성북동 쪽의 보리밥집이 떠올랐다. 제법 이름이 나 있는 식당이어서 작년에도 한 번 다녀온 적이 있었다. 하지만 막상 찾아가려니 길이 삼삼했다. 무리하지 않으려고 '내비게이

선'에 의존하기로 했다.

작년에는 목적지를 정하지 않고 나서서, 발길 닿는 데로 경복궁 옆길을 지나 삼청동을 거쳐 부자 동네를 유람하면서, 유유자적하게 길을 따라가노라니 삼청터널을 지나게 되었고 삼청각까지 들려 성북동과 혜화동 쪽으로 내려왔었다. 그때 성북동에 있는 'S 보리밥집'에서 맛있게 식사했던 기억이 나서 오늘 그 집을 찾아 나선 것이다.

그런데 길도우미가 안내하는 길이 작년에 갔던 길과는 정 반대 방향이었다. 광화문 앞에서 안국동을 거쳐 돈화문을 지나 창경궁 앞길로 간 다음 혜화동 로터리에서 10시 방향 성북동 쪽으로 좌회전하라는 것이었다.

시각은 정오를 조금 지났다. 일요일이어서 길도 널찍하고 차량도 많지 않았다. 혜화동 로터리 부근이 옛날보다 많이 바뀌어 있었다. 그쪽으로 다녀본 기억이 까마득해 로터리에 그려진 차선을 이해하기 어려워서 잠시나마 주춤거렸다. 어느 신호를 받고 따라야 옳은지 망설이다가 이거다 싶어 얼른 좌회전하고 말았다.

그런데 돌고 보니 '아차! 잘못했구나.' 하는 생각이 들었고, 뒤통수가 부끄러웠다. 내 뒤에 섰던 차가 따라오지 않았기에….

'이런 촌놈이 있나!' 첫 번째 탄식이었다.

서울 생활을 오래 했어도 혜화동 로터리는 몹시 낯설었다. 어쩔 수 없어 내친김에 그대로 줄행랑을 쳤다. 모르지만 감시카메라가 있다면 신호 위반 통지서가 곧 날아올 것이다.

성북동에 들어서니 좁고 꼬불꼬불한 길이 미로 같았다. 목적지 부근이 가까워질수록 차량도 사람도 예상외로 붐비었다. 유원지도 아닌데 유흥음식점과 카페가 줄을 잇고 있다. '주택가에 이런 곳이 있다니!' 별천지에 온 것처럼 느껴졌다.

'내가 참 촌놈이구나!' 두 번째 탄식이었다.

주차를 간신히 해놓고 'S 보리밥집'을 찾아갔더니 카페로 바뀌어 있었다. 보리밥집에 관해 물어보니 모두가 모른다고 했다. 시골 사람들과는 다른 점이다. 이웃에 관심이 없다는 표정이었다. 잠시나마 배신감 같은 게 나를 허전하게 만들었다. 일 년 만에 찾아온 고향 집 같았는데…. 코로나19 때문에 '영업이 부실해서 폐업하게 된 모양이지?' 남의 일 같지 않았다.

아쉽지만 보리밥을 포기하고 다른 집을 기웃거렸다. '이향'이라는 간판이 매력적이었고 메뉴도 색달랐다. 나도 모르게 이끌렸다. 간판 밑에 작게 쓰인 '단호박약선밥'이란 게 호기심을 끌었다. 더 호감이 갔던 건 식당이 숲속에 묻혀있어서 이국적인 분위기였다. 정원에는 온갖 이름 모를 꽃들이 우릴 반겼다.

뜻밖에도 내부 분위기는 실망스러웠다. 겉과 속이 다른 사람을 만났을 때의 어색한 기분이 들었다. 집사람은 생뚱맞은 걸 좋아하지 않는 식성이다. 익숙한 '돌솥비빔밥'을 시키고, 나는 처음

보는 '단호박약선밥'을 주문했다. '단호박약선밥'의 밥그릇은 호박껍질이었다. 단호박을 수평으로 잘라서 호박씨가 많은 속살을 도려내고, 거기에다 찹쌀과 잡곡, 잣과 밤, 대추와 능이버섯 등을 혼합하여 찐 밥을 채워 넣었다. 얼핏 보기에는 여자아이들의 어릴 적 소꿉놀이 밥상 같았다. 호박껍질에 붙은 노란 속살을 긁어서 잡곡밥에 섞어 먹으니 별난 맛이긴 했다.

하지만 멀리까지 찾아와서 보리밥을 먹지 못한 게 서운해서 모처럼의 나들이가 상큼하질 못했다. 그 보리밥집 자리에는 '256카페'가 들어 있었다. 우리 부부는 보통 때는 믹스 커피를 즐기는 편이다. 오늘은 구정(舊情)에 이끌려 그냥 돌아서지 못하고 그 카페로 들어갔다. 아메리카노라도 한 모금 마시고, 애써 찾아갔던 아쉬움을 달래고 싶었다.

"아메리카노 한 잔 주세요."

"아이스로요?"

"아니요."라며 고개를 저어버렸다.

카페라는 커피집엘 자주 다녀보지 않아서 익숙지 못한 탓이었다. 내부를 둘러보니 젊은이들뿐이어서 우리 부부가 비집고 자리를 잡기가 어쩐지 어색했다. 다시 '테이크 아웃'으로 주문을 돌렸다. 받아 쥔 종이 커피잔이 너무 뜨거웠다. 그 순간 '아차! 아이스 커피를 시킬걸.' 하며 후회했다.

이미 늦었기에 어쩔 수 없이 뜨거운 커피를 들고 차에 올랐다.

차내의 열기가 보통이 아니었다. 핸들이 달아서 만지기 어려울 정도였다. 바깥 기온이 31도라니, 한 시간이 넘게 뙤약볕에 달구었으니 차내가 한증막이었다. 그런 판에 뜨거운 커피를 갖고 탔으니 집사람이 환영할 리가 없었다. 나 역시 입에 대고 싶지 않았다.

'에이, 이게 뭐람, 촌놈은 할 수 없지 뭐!' 세 번째 탄식이었다. '아이스 커피'라는 말이 익숙하지 않아 기회를 놓친 탓이다. 그런 나를 또 촌놈이라고 타박할 수밖에 없었다. 운전 중에 쏟아질 것 같아 한 모금 마셔보지도 않고 절반가량은 쏟아버렸다. 차 안의 에어컨 바람에 커피는 이내 식었다. 한 모금 마셔보았다. 왠지 입 안이 개운치 못했다. 믹스 커피에 대한 미련 때문인 것 같다.

하지만 오랜만에 북악산 팔각정까지 둘러, 시원한 바깥바람을 마음껏 쐬었더니 평정심으로 돌아왔다. 따져보니 다섯 시간의 오붓한 드라이브였다. 그러나 오늘은 촌놈 짓을 여러 번 했기에 집사람 보기가 멋쩍었다.

평소에 큰소리나 치지 말 것을….

부자가 되고 싶다

어느 마을에 이름난 부자가 있었다.

그를 찾아온 젊은이가

부자가 되는 방법을 가르쳐 달라고 했다.

젊은이를 절벽 위 소나무 밑으로 데리고 가서

나뭇가지에 매달리라 했다.

매달린 젊은이에게 부자가 말했다.

"한 손을 놓게." 잠시 뒤 "다른 한 손도 마저 놓게."

새파랗게 질려 떨고 있는 젊은이에게 부자는

이렇게 일러주었다.

"자네 손에 들어 온 돈을 그 나뭇가지처럼 생각하게,

그러면 부자가 될 걸세!"

- 이름난 부자

제2부

천사의 웃음

해맑은 손녀의 웃음소리가 어지럽던

내 머릿속을 말끔히 정리해주었다.

온갖 시름이 바람에 구름 가듯 날아갔다.

손녀의 웃음은 천사의 웃음이었다.

옥에도 티가 있다

판교로 이사 온 지 벌써 10개월이 지났다. 이곳 아파트 주변에는 숲이 많아 산책하기 적합해서 좋다. 우리 단지와 이웃 단지 사이에는 기다란 나들이공원도 하나 펼쳐져 있다. 나무가 많아선지 시가지 중심인데도 공기는 맑은 편이다. 이곳 둘레길을 따라 매일 걷기운동을 하고 있다. 걸어보니 약 5,000보 정도의 거리다. 내 체력유지에 안성맞춤인 것 같아 마음에 든다.

여느 때처럼 오늘도 둘레길을 걸었다. 산책할 때는 발걸음에만 집중하고 잡념이 없어야 걷는 기분이 난다. 잡념이 많으면 운동 효과가 떨어지는 것 같다.

한데 오늘은 저만큼 앞에 아이들 둘이 자전거를 눕혀놓고 엎었다 제쳤다 하는 모습이 보였다. 무슨 일인가 싶어 빠른 걸음으로 다가가 말을 걸어 보았다.

"왜, 자전거가 고장 났어?"

"아니에요, 바람을 넣으려고요."

"여기서?"

그럴만한 곳이 아닌 것 같아 주위를 살펴보았다. 아이들 뒤편에 제법 큰 노란색 사각형 철제상자가 하나 눈에 띄었다. 무언가 싶어 자세히 들여다보니 그 상자에는 '태양광 자전거 공기주입기'라고 쓰여 있었다. 높이가 3m 정도 되어 보이는 스텐 파이프의 가슴 높이쯤에 그 상자가 장착되어 있었다. 그 위를 쳐다보니 소형 태양광 패널이 한 장 얹혀 있었다.

그 노란 상자에는 사용설명서도 그림을 곁들여 자세하게 적혀 있었다. A/S 접수 전화번호, 근무시간까지 쓰여 있고, 그 상자 속에는 기다란 에어호스도 들어 있었다. 이런 곳에 이런 편의 설비를 마련해놓은 행정당국의 세심한 배려에 감탄이 나왔다. 더구나 선진국답게 태양광 발전시스템을 갖춘 공기주입기여서 더욱 놀랐다.

아이들 자전거는 바람이 빠져 탈 수 없었다. 아이들은 초등학교 3~4학년쯤으로 보였는데 이미 자전거를 많이 타고 놀았는지 얼굴이 볼그레하게 달아 있었다. 도와주고 싶어 다시 물었다.

"바람 넣을 줄 모르니?"

"할 줄 알아요. 바람이 나오지 않아요."

기계가 고장인가 싶었다. 적혀있는 전화번호로 전화를 걸어보았더니 받지 않았다. 시계를 보니 오후 6시가 조금 넘었다. 시간이 늦어 '어쩔 수 없지 않냐!'라는 표정으로 멋쩍게 웃으며 아이들과 헤어졌다.

아이들도 자전거를 끌고 돌아갔다. 그 뒷모습을 바라보면서 공연히 내가 미안한 생각이 들었다. 모처럼 일요일에 자전거를 타며 기분 좋게 놀고 싶었을 텐데 얼마나 실망이 컸을까? 그런 생각을 하노라니 내 산책길도 그만 시무룩해졌다.

그러나 '우리 사회가 그동안에 놀라울 정도로 모든 분야에서 발전이 되었구나.' 하는 생각에 가슴이 뭉클했다. 여태까지 이곳을 산책하면서도 여기에 이런 시설이 있는 줄 몰랐다. 눈뜬장님이었다. 매사에 관심이 있어야 보인다는 사실을 새삼 깨달았다. '무관심이 얼마나 큰 문제를 안고 있느냐.' 하는 것도 다시 한번 느꼈다. '일상생활에서 살피고 관심을 가질수록 얻는 것이 많을 텐데.' 하는 후회도 밀려왔다.

주민 편의를 위해 이러한 곳까지 관심을 쏟고 있는 행정당국에 박수를 보내고 싶었다. 한편으로는 '관리가 소홀하여 적시에 사용하지 못한다면 무용지물 아닌가.' 하는 우려도 생겼다. 행정당국이 시민들을 위해 무슨 일을 하든 처음처럼만 잘해주기를 바라며 돌아왔다.

우리나라는 이제 명실상부하게 선진국이 되었음을 실감케 했다. 시민들도 선진국에 살고 있다는 자부심을 한순간도 잊지 말고 이러한 공용시설물을 내 것인 양 아껴 써야 할 것이다

"옥에도 티가 있다."라고 했다.

우리 사회가 세심한 행정으로 핀란드나 덴마크같이 행복 지수를 높여가면 더 좋겠다.

천사의 웃음

누구나 나름대로 아집(我執)이 있다. 그러면서도 그걸 모르고 지낸다. 나도 그런 축에 속한다. 나는 두 아들을 키웠다. 자식들이 커가면서 이따금 흘리는 말이 있었다.

"아버지는 독재자, 잔소리꾼이야!" 하지만 흘려듣고 대수롭잖게 치부해 왔다. '자~식들! 저들이 뭘 안다고?'

세월이 흘러 어느새 자식들도 40대 후반에 들어섰다. 요즈음에는 눈에 띄게 부자지간의 대화가 줄고 있다. 아마 내 잔소리 때문일 것이다. 점점 멀어져 가는 게 피부로 느껴진다. 좋은 징조는 아닌 듯하나 받아들일 수밖에 없다.

지금도 부자간에 이런저런 얘기를 주고받다가, 마지막에는 "알았지!"로 마무리 짓는 경우가 많다. '험한 세상을 살아가는데 내 경험을 많이 들려주는 게 좋겠다.'라는 책임감(?) 때문이다.

자식들의 반응은 의외이다. 다소곳이 받아들이는 태도가 아니다. "같은 얘기 열 번도 더 들었어요. 아버지!" "저 할 일이 있는데요."라고 핑계를 대며 자리를 뜨려고 한다. 그럴수록 괘씸한 생각이 들어서 나는 기어이 항복을 받으려 한다.

누구나 자기 허물은 잘 모른다. 위내시경으로 내부를 살피듯이 속을 들여다볼 수 있는 거울이 있으면 좋으련만….

그동안 자식들은 회사에서 각자 맡은 일을 열심히 했다. 20년의 경력자답게 잘하고 있어 믿음직하다. 대견스럽고 고맙게 느낄 때가 더 많은 것이 사실이다.

그러나 그런 속내는 내보이지 않았다. 너무 자만에 빠질까봐…. 부모의 욕심은 이렇듯 끝이 없는 모양이다. 칭찬에는 인색하면서 잘못에는 철퇴 내리기를 주저하지 않는다. 내 성격은 단기여서 단칼에 매듭을 지으려는 경향이 있다. 하지만 돌아서면 마음이 편치 않은 것도 사실이다.

큰아들은 우리 집 내림인지 술을 좋아한다. 과음하는 뒷날이면 출근 시간을 어긴다. 그런 모습이 나를 불안케 한다. 회사경영은 단순하지 않다. 옛날처럼 사장이 권위로 통솔하던 그런 시대가 아니다. 인성으로나 건강으로나 믿음을 줄 수 있어야 직원들이 따른다. 신변 관리를 허술하게 한다면 누가 사장을 신뢰하겠나?

이런 사소한 걱정들이 많아서 내 잔소리는 그칠 날이 없다. 더구나 내 잔소리에는 은근히 부당한 압력도 있고, 권위 의식도 다분히 깔려 있었던 게 사실이다. 그런 면에서는 내가 너무 직선적이어서 후회가 된다.

자존심이 상한 자식들이 참지 못하고 튕긴다.

"아버지, 너무하신 거 아니에요?"

"뭐가?"

"이제 저희도 오십입니다. 우리 일은 우리가 알아서 할게요."

이런 대꾸가 또 심기를 어지럽힌다.

"못난 놈! 왜 진작에 그러지 않았어." 고함을 친다.

그러나 자식들은 들은 체도 안 한다. '아버지 죄송해요. 알아서 잘하겠습니다.'라는 대답을 열 번이라도 듣고 싶으나 입을 꼭 다물어 버린다. 결과는 내가 판정패를 당한 꼴이다.

게다가 요즘엔 집사람도 전과 달리 자식들 편으로 돌아섰다.

"아~, 아이들에게 좀 져 주지 그래요?"

"내가 왜? 무엇 때문에?" 아내에게 화를 버럭 내고 자리를 뜬다. 집 앞에 보이는 한강 둔치는 애꿎게도 이런 때 나의 화풀이 장소이다.

그 시간에 집에서는 나를 '독재자, 고집불통, 비신사적인 사람'으로 성토하고 있을 것이다. 심히 억울하다. 화를 가라앉히느라 얼음물을 들이킬 때도 있다. 더러는 자식들과 마주치는 것을 의식적으로 피할 때도 있다.

그러나 다음날이면 회사에서 어쩔 수 없이 아침저녁으로 이마를 맞대야 한다. 자연히 작은 흠집도 크게 보이고, 의견 충돌도 자주 생긴다. 이제 머지않아 내가 회사를 물러나야 할 처지인데 걱정이다.

우리 삼부자는 성격에 문제가 있다. 나는 즉결 재판형이다. 큰아들은 그런대로 빨리 화해가 되는 타협형이다. 하지만 작은아들은 워낙 말수가 적어 그 속을 짐작지 못해 답답할 때가 많다. 길게 가면 업무에 지장이 생기니, 내가 먼저 말을 건네고 앙금을 털어내는 편이다.

나는 아버지를 모시고 살아본 적이 없다. 아버지 노릇을 어떻게 하는 것인지도 모르면서 아버지가 되었다. 더구나 자수성가로 세상을 살아왔기에 늘 고슴도치처럼 옹크리고 살아서 비교적 여유가 없고 깐깐하다. '아버지 노릇이 쉽지 않구나!' 하는 자괴감이 들 때도 있다. 부자간에 옳고 그름을 가리자고 하면 하루도 편할 날이 없을 것이다.

그래서 이제부터는 '웬만하면 내가 양보하는 게 좋겠다.'라는 생각을 가지기로 했다. "자식 이기는 부모 없다."라는 속담을 수긍하며 슬며시 한 발짝 물러서기로 다짐했다.

이런저런 생각으로 머리가 복잡해져서 마음을 추스르지 못하고 있던 참인데, 올봄에 대학생이 된 둘째 손녀가 할아버지를 보러 왔다.

"할아버지 안녕하셨어요? 헤 헤 헤…."

해맑은 손녀의 웃음소리가 어지럽던 내 머릿속을 말끔히 정리해주었다. 온갖 시름이 바람에 구름 가듯 날아갔다.

손녀의 웃음은 천사의 웃음이었다.

아버지가 되는 것

　나는 할아버지 품에서 자랐다. 대학 2학년 때 할아버지도 돌아가셨다. 아버지를 대신하여 할아버지는 기회가 있을 때마다 나에게 유익한 말씀을 들려주셨다.

　"편안할 때 위태로울 것을 잊지 말고(安不忘危), 가졌을 때 없어질 것도 생각해야 한다(存不忘失)."라는 말씀을 자주 하셨다. 나는 그 말씀을 좌우명으로 삼고 살아왔다.

　나에게 좋은 일이 있을 때나 위태로운 일이 생겼을 때도, 할아버지는 늘 "으~음! 네 아비가 돌봐 준 모양이다."라며 위로의 말씀을 잊지 않으셨다. 혹시라도 내가 아버지 없는 서러움을 가질까 봐 수시로 아버지와 나를 엮어 주셨다. 네 살 때 아버지를 여의었기에 기억하지 못하지만, 할아버지의 배려로 아버지를 항상 내 가슴에 모시고 살았다.

나에게는 장성한 두 아들이 있다. 경영하던 사업을 자식에게 물려주고 지금은 자연인으로 살고 있다. 분주하던 지난날에 비하면 자유롭고 한가하지만, 아버지로서의 근심거리는 여전히 버리지를 못하고 끼고 산다.

젊을 때는 두 아들을 키우는 재미에 빠져 살았다. 일하는 데에만 정신을 쏟았어도 가정이나 사업이나 큰 탈 없이 순조로웠다.

그러나 세상사는 양면성이 있게 마련이다. 행복하기만 할 줄 알았는데 의외로 두 아들이 내게 걱정을 끼치곤 했다. 맏이는 술이 과해서 내 마음을 어지럽혔다. 혈당이 높은데다 설상가상으로 담배까지 피운다. 그런 모습을 볼 때면 하늘이 무너지는 듯 괴로웠다.

한편 작은아들은 지나치게 과묵하다. 세상사는 인간관계로 시작해서 역시 인간관계로 끝을 맺는 법이다. 대인관계를 기피 하는 듯해서 마음이 편치 않았다. 의사소통이 자기중심적이고 고집이 센 편이어서 걱정스러울 때가 자주 있었다. 어쩌다 한 번 틀어지면 화해하는 법이 없을 정도로 외골수이다. 기업을 경영하는 데는 융통성이 더 필요하다.

게다가 나 자신도 문제가 있다. 성급하고 세심한 성격에다 예절이나 규범을 중시하는 꼰대 기질이 많다. 가난한 삶에 시달리며 살다 보니 언제나 고슴도치처럼 웅크리고 살아왔다. 그 탓에 자질구레한 잔소리가 많아졌다.

그런 가운데 자식들이 성큼 자라서 군무와 학업을 마쳤다. 내 사업도 차츰 자리를 잡고 커갈 무렵이었다. 나는 두 형제를 내 사업의 동반자로 기용했다. 백만 대군을 얻은 기분이었다. 따라서 일등회사를 만들어 봐야겠다는 욕심도 생겼다. 그러기 위해 자식들에게 기강을 세우고 채찍을 들기로 했다.

환경이 사람을 변하게 만든다. 나는 입이 무거워지면서 위엄을 갖춰야 했다. 칭찬에도 인색해져 갔다. 교육적인 의미를 앞세웠다. 속으로는 자식들에게 양보도 잘하고 부드러운 아버지 노릇을 하는 편이었지만 성격이 급한 탓에 가끔 버럭 화를 잘 내는 버릇도 있었다.

그러다 보니 큰아들은 나 때문에 과음하게 된다는 핑계이고, 작은아들은 짜증 낼 일이 많아졌다고 한다. 자기들의 실수나 부족함은 묻어버리고, 모든 불미스러운 일에 대한 원인과 책임은 나의 잔소리로 전가 시킨다.

나는 아버지라는 무거운 자릿값을 하느라 가정의 화목을 우선시하였다. 저들의 불찰(不察)도 모두 기꺼이 내가 안고 넘어갈 때가 많았다. 제대로 시시비비를 가려보지 못한 채, 모든 책임과 원성(怨聲)을 내가 끌어안고 석불(石佛)처럼 살아왔다. "자식 이기는 부모 없다."라는 말을 되풀이하면서….

세상이 많이 변한 것도 원인의 하나이다. 산업화의 물결을 타고 많은 변화가 생겼다. 급속하게 핵가족화하는 바람에 우리 집도 자식들을 일찌감치 분가시켰다. 조석으로 마주하던 가족들이 자기 가정을 가지면서 얼굴 보기가 어려워졌다.

가족공동체라는 기반이 흔들리고 가족이라는 개념이 흐려져 갔다. "눈에서 멀어지면 마음에서도 멀어지게 된다."라는 말을 새삼 느끼게 했다. 자식이 부모를 걱정하는 시대가 아니라, 늙어가는 부모가 자식을 걱정하며 살아가야 하는 세상이 되었다.

큰아들은 여전히 담배와 과음을 한다. 작은아들은 여전히 소통에 인색하다. 대를 이어가야 할 어깨가 무거운 일꾼들인데, 건강을 소홀히 하고, 소통을 외면하니 내 잔소리가 그칠 날이 없다.

나는 아버지 역할이 뭔지도 모르면서 아버지가 되었다. 할아버지의 가르침은 엄부(嚴父)의 길이 옳다고 가르치셨다. 나 역시 할아버지를 닮아 구시대적일 수밖에 없었다. 내가 너무 고지식했던 탓이다.

하지만 자식들은 좋은 시대를 타고나서 가난의 아픔을 모르고 자란 세대이다. 자상한 아버지, 이해심 많은 아버지, 권위적이지 않은 아버지, 가르치려고만 들지 않는 아버지를 원했다. 내 생각과는 거리가 너무 멀었다.

사고의 차이, 세대의 차이가 너무 컸다. 그로 인해 우리 삼부자는 의견대립이 잦았다. 이제는 어린 손녀들의 눈에도 완고하고 구시대적인 할아버지로 비치고 있는 모양이다. 철이 들면 이 나의 고충을 이해할 수 있으려나?

나는 온갖 노력을 다해서 내가 겪었던 지긋지긋한 가난을 후손들에게 넘겨주지 않으려고 최선을 다했다. 그것이 우리 가정이 바라는 행복인 줄 알았다. 그것이 최고의 아버지 모습이라고 믿었다. 내 소망이 시대착오적이었던가? 만시지탄이다.

"아버지가 해준 게 뭡니까? 야단만 쳤지, 따뜻하게 칭찬 한 번 해주지 않았으면서…."

큰아들이 글썽이며 내어 뱉은 그 한마디가 폐부를 찌른다.

미워할 수 있는 자격

'미워할 수 있는 자격증'이 있다면 갖고 싶다. 가야금 명인 고 황병기 선생의 저서 중에 《논어 백가락》이라는 책이 있다. 그 책 내용 중에 〈미워할 수 있는 자격〉이라는 글이 흥미를 끌었다.

나는 다 큰 자식들과 티격태격할 때가 자주 있다. 그럴 때 '미 워할 수 있는 자격증'이 있다면 입씨름할 필요가 없어 좋을 듯 싶었다. 그 책은 자기 마음에 들지 않는다고 해서 함부로 상대를 미워할 수 없다고 한다. 오직 '어진 사람'만이 남을 미워할 수 있 는 자격이 있다는 것이다.

이 말에는 선뜻 공감하기 어려웠다. '어진 사람'이라면 어떤 사 람인가? 공자, 맹자 같은 분이거나 퇴계, 율곡 같은 분을 지칭하 는 것인가? 그렇다면 우리네 보통 사람은 가정을 이끌어 가면서 자녀들 교육도 마음대로 할 수 없다는 얘기가 아닐까 싶다.

살아오면서 나는 많은 사람을 미워했다. 그중에는 내가 가장 사랑하고 고마워해야 할 어머니와 아내도 가끔은 타박하고 미워했다. 자식도 미운 언행을 할 때가 자주 있어 미워했다. 따지고 보면 모두 내 욕심에서 비롯된 것이다. 나의 부족함을 보상받고 싶은 심리 때문에 흔하게 일어날 수 있는 생활의 단면이었다.

남을 미워하기에 앞서 스스로 덕을 갖추어서 '어진 사람'이 되어야 하는데, 그런 요건을 갖추지 못했으니 가소로운 일이었다. 더구나 한학자였던 형님은 《주주논어(朱注論語)》(1992년판, 창지사)를 출판했다. 논어를 쉽게 풀어쓴 그 책이 내 서가에도 한권 꽂혀 있다. 하지만 바쁘다는 핑계로 제대로 읽어보지 않았었다. 형님이 돌아가신 한참 후에야 열어보았으니 지금 생각해도 죄스러운 마음이 적지 않다.

《논어 백가락》을 읽으며 공자가 살던 시대를 더듬어 보았다. 그때도 역시 훌륭한 사람이 되기는 쉽지 않았던 것 같다. 학문이 깊지 않고서는 남을 '미워할 수 있는 자격'을 가지기가 불가하다는 이유다.

공자와 그의 제자 자공이 주고받는 대화에서도 남을 미워하는 것은 지극히 조심스럽게 해야 한다는 지적을 하였다. 즉 남의 결점을 들추고 떠드는 사람, 윗사람을 비방하는 사람, 무례한 사람, 꽉 막힌 사람을 미워했다는 것이다. 그의 제자인 자공도 비슷했다. 아는 척하는 사람, 불손하면서 용감하다고 여기는 사람, 남의 비밀을 폭로하면서 정직하다고 생각하는 사람을 미워했다고 실토했다. 미움의 대상은 지금이나 공자 시대나 별로 다르지 않았음을 엿볼 수 있었다.

여러 번 반복해 읽어보았지만 내가 남을 '미워할 수 있는 자격'이 있는가 하는 답은 찾지 못했다. 그런 자격을 갖추지 못했으면서 왜 남을 미워했단 말인가?

내가 미워한 것은 근본이 다른 '미움'이었다. 가장으로서 가족을 사랑하기 때문에 당연히 가질 수 있는 욕심이었고, 자식이 잘되기를 바라는 소원 풀이로 보는 게 옳을 것이다.

《논어 백가락》에서 말하는 '미움'과는 성격이 다르다. 자식의 입장에서는 칭찬에 비할 수가 없으니 상처받을 수 있을지도 모른다. 좀 더 너그럽고 참을성을 가졌더라면 하는 후회도 해보지만 이미 엎질러진 물이다.

우리 주변에는 '어진 사람'이 얼마나 될까? 사람의 본성은 교활한 편이다. 남을 미워하고 시기하기를 서슴없이 한다. 잘된 사람을 보고도 미워한다. 반면에 자기 영달이나 보호에는 역으로 매우 민감하게 대처한다. 유명 지식인 중에도 학문이나 기술의 표절 시비로 얼굴을 붉히게 하는 사람을 우리는 자주 본다. 공명심 때문에 남을 밟고라도 일어서겠다는 사이비 정치꾼이나 기업인도 적지 않다. 사익을 위해 사회를 어지럽히는 사람이나 사회악을 예사로 저지르는 무리도 있다.

그렇다면 '어진 사람'이 적기 때문일까? '미워할 수 있는 자격'을 가진 사람이 많아지면 좋겠다. 부드러운 언행으로 남을 타이르고, 말 한마디로 변화를 유도해 낼 수 있는 그런 '어진 사람'이라면 할 일이 많을 것 같아서다. 세태가 어지러울 때, 인의예지의 올바른 방향을 잡아줄 수 있는 '등대' 같은 인물이 있다면 세상이 밝아지지 않겠는가?

갈수록 사람들이 생각의 차이, 시각의 차이, 환경의 차이를 핑계 삼아 사물에 대한 해석을 다르게 하는 경우가 많다. 요즈음 세상은 너무 복잡하고 다양해져서 이해관계가 수시로 뒤바뀔 수가 있는 시대이기도 하다.

그러므로 '어진 사람'을 많이 배출하여 요순(堯舜)시대를 만들면 어떨까? 그게 바로 낙원일 것 같다. 많은 사람이 '미워할 수 있는 자격'을 가지게 된다면 따라서 미워해야 할 사람도 줄어들게 될 테니까….

J 전무의 퇴임

만남의 뒤에는 헤어짐이 따른다. 오늘은 J 전무가 퇴임하는 날이다. 그와 함께한 세월이 30년이 넘었다. 아침부터 허전한 마음으로 서성거렸다. 오후 5시, 본사 강당에는 임원과 부장급 이상 직원, 그리고 본사생산부 직원 전원이 모였다. 외부에서는 대리점 사장을 대표해서 광주와 울산에서 각각 한 명씩 참석했다.

모두 50여 명 정도로 제한했다. 코로나19 때문에 참석 범위를 대폭 줄였다. J 전무의 가족들도 초청하지 않았다. 만찬 파티도 생략했고, 노래방 경연도 취소되어 아쉬웠다. J 전무는 회식 자리에서 늘 멋들어진 노래 솜씨로 뽐내기를 좋아했는데…. 축하 화환과 "J 전무님, 수고 많으셨습니다."라는 깃발이 여기저기서 펄럭이고 있어서 그나마 아쉬움을 달래었다.

그를 처음 만났을 때가 생각난다. L 부사장이 그를 소개했다. 40에 가까워 보이는 깡마른 사람이었다. 자그마한 체구에 야무져 보였다. 흐트러짐 없이 잘 훈련된 군인의 자세였다. 첫인상이 날카로워 보여서 선뜻 내키지 않았다.

그는 지인이 경영하던 조그만 접착제공장을 인수해서 수년 동안 경영하다가 폐업했다고 했다. 적당히 얼버무리지 않고 솔직하게 털어놓는 자세가 마음에 들었다. 한편으로는 비슷한 업종이라 거부감도 생겼다.

여러모로 적합성을 따져보았다. 나이가 적당했고, 자기 사업을 해본 경험도 있고, 실패의 경험도 있어서 믿음이 갔다. 무엇보다 지금은 안정된 가정을 꾸리고 있다는 점이 마음에 들었다. 나는 사람을 고용할 때 학벌보다 적응력을 더 중요시한다. 중소기업에서는 스펙보다도 빗자루를 들고 마당 청소를 할 줄 아는 '소시민적인 인성'이 필요하기 때문이다.

일부의 반대가 있었으나 적임자로 낙점했다. 강단(剛斷)도 있어 보여, 중간 간부인 생산 과장으로는 안성맞춤이라 판단했다. 그는 열심히 소임을 다하려고 애를 썼다. 일찍 출근하고 가장 늦게 퇴근하는 충성스러운 사람이었다.

어느 날, 내가 늦게까지 회사에 남아있었다. 밤 11시경 일을 마치고 퇴근하려는데 생산부 사무실에 불이 켜져 있어서, 전등을 끄려고 문을 열었더니 생산 과장이 그 시각까지 남아서 참고 서적을 뒤적이고 있었다. 평소에 전문지식이 부족한 걸 한탄할 때가 많았던 그가 공부하고 있었다. 측은하다는 생각이 들었다. 자기 자리를 보존하기 위해 애쓰는 모습이 가상했다.

한 해 두 해를 겪어볼수록 그의 사람됨이 여기저기서 나타났다. 생산부의 야생마 같은 젊은 직원들을 일사불란하게 이끌어 갔으며, 노사 간의 마찰도 부드럽게 풀어가는 능력이 있었다. 나와 의견 충돌도 더러 있었으나 그런 것들이 모두 회사를 위한 충정에서 나온 것이었음을 느꼈다.

그는 한마디 지시에 열 가지를 솔선수범하는 적극적인 일꾼이었다. 뉴밀레니엄을 맞으면서 공장을 부천에서 평택으로 확장 이전하였다. 그때 그를 이사 공장장으로 승진시켰다.

2007년 여름, 평택공장 제품창고에서 갑자기 폭발이 일어났다. 제조과정에서 부주의로 제품에 수분이 들어간 것이다. 금수성(禁水性) 약품은 일정량의 수분이 함유되면 발화한다. 창고 안에는 각종 가연성 제품이 가득히 쌓여있었다. 그냥 두면 300평 대형 창고가 불바다가 될 수 있는 위기였다.

전 직원을 공장에서 대피시켰다. 대비책을 세우려고 공장장을 찾았다. 공장장인 그는 나와 상의도 없이 방염 복장으로 갈아입고 지게차를 몰고 내 앞에 나타났다.

"들어가 문제의 파렛트를 싣고 나오겠습니다."

"위험하다. 기다려라. 소방차가 곧 올 테니…."

"아닙니다. 언제 터질지 모르니 가지고 나와야 합니다. 연쇄 폭발이 일어나면 쑥대밭이 됩니다. 들어가겠습니다."

결정해야 할 긴박한 순간이었다. 연쇄 폭발이 일어나서도 안 되지만 사람이 다쳐서는 더욱 안 되는 일이다. 들어가지 말라고 만류하는 나를 뿌리치고, 그는 지게차를 몰고 창고 안으로 들어갔다. 그의 뒷모습에서 새로운 됨됨이를 보았다. 사지(死地)가 될 수도 있는 위험을 안고, 자기의 책임과 회사의 안전을 지키기 위해 용감히 나섰다.

들어간 지 5~6분이 지났을까. 그 시간이 왜 그렇게도 길게 느껴졌을까? 내 가슴은 방망이질하면서 타들어 갔다. 한참 뒤에 지게차가 파렛트를 싣고 모습을 드러냈다. 그걸 보는 순간 가슴을 짓누르던 한숨이 터지고 정신이 돌아왔다. 파렛트를 마당에 내려놓는 순간에 십여 개의 제품이 또 뻥뻥거리며 터져 공중을 날아다녔다. 장맛비를 쏟을 것처럼 잔뜩 찌푸린 하늘에 불꽃놀이 하듯 불덩어리가 이리저리 날고 있었다. 꼭 초등학교 5학년 때 겪었던 6·25 전쟁터와 같아서 나는 눈을 감아버렸다.

다행히 사람도 공장도 다치지 않고 수습이 되었다. 20여 분이 지나서 소방차가 대여섯 대 도착했다. 만약 대형 사고로 이어졌다면 나는 지금쯤 어찌 되었을까?

사실 따지고 보면 공장장의 책임이 컸다. 그로 인해 공장장을 해임할 수도 있었다. 하지만 나는 그 값진 경험을 단순히 책임자

해고로 매듭짓고 싶지 않았다. 그리고 공장장의 헌신적인 애사심을 오래도록 교훈으로 간직하고 싶었다. 뒤에 그를 전무이사로 승진시키고, 퇴임할 때까지 32년을 함께 하였다.

오늘, 그런 J 전무를 떠나보내는 마당이다. 아쉬운 마음도 유별나게 컸다. 건배하면서 수많은 추억을 나누고 싶었다. 하지만 얄밉게도 '코로나19'가 우리들의 석별의 정을 나누지 못하게 가로막았다. "J 전무님! 수고 많이 하셨습니다. 감사했습니다. (중략) 그리고 우리는 모두 당신을 오래도록 기억하겠습니다. 안녕히 가십시오." 퇴임식을 마쳤다.

나는 서울 중심지 본사 직영 전시판매장을 그의 명의로 양도했다. 'NABAKEM' 판매 대리점의 사장님이 되어서 활짝 웃고 서 있는 그에게 나는 뜨거운 박수를 보낸다.

잊고 지냈던 초상화

이태 전 가을, 집수리로 몇 개월을 바쁘게 보냈다. 수리를 끝내고 이삿짐센터에 맡겼던 살림 보따리를 다시 찾아왔다. 책과 물건들을 거실 한구석에 쌓아두고 달포 동안 시간이 날 때마다 선별해서 먼지를 닦고 버릴 것은 따로 구분했다.

하루는 두루마리 뭉치를 손보았는데 대부분 쓰레기 쪽으로 분류되고 쓸 만한 것은 별로 없었다. 대전에 사는 처제가 그린 동양화, 고향 선배가 선물한 8폭 병풍용 붓글씨, 사업관계로 알았던 중국 산동대학 S 교수가 써준 '안불망위 존불망실(安不忘危 存不忘失)'이라는 내 좌우명은 버리기 아까워 다시 곱게 포장했다.

그 옆에는 얇은 도화지로 둘둘 말아 둥근 고무줄로 튕겨 둔 두

루마리가 또 하나 눈에 띄었다. 별것 아닌 것 같아 쓰레기 쪽에 던져 버릴까 하다가 혹시나 하는 호기심이 생겨 펴보았다.

기억에서 까맣게 사라졌던 내 초상화였다. 오른쪽 아래 끝에 'Tsmujoo/Paris/12 June 1991'이라는 화가의 손 글씨가 쓰여 있었다. 그 그림은 나를 타임머신에 태워 그때 그 장소로 데리고 갔다.

내가 화공약품 제조회사를 시작한 지 10년쯤 되었을 때였다. 88서울올림픽을 전후해서 경기가 좋아지고 회사 형편도 여유가 생겨 갈 즈음이었다. 지역 상공회의소 산하 모임인 이 업종교류회에서 부부 동반으로 유럽 여행을 간 적 있었다.

프랑스 파리에서 땀을 흘리며 몽마르트르 언덕을 올라가는 중이었다. 길가에 앉아 있던 한 젊은 화가가 나를 바라보며 빙긋이 웃었다. 초상화를 하나 그리고 가라는 간절한 바람이 눈빛 속에 담겨있었다. 깡마른 체구, 까무잡잡한 피부, 검은 머리카락, 큼직한 이목구비가 어쩐지 내 발길을 붙잡았다. 그의 옆에는 이미 그려놓은 여러 장의 초상화들이 널려 있었다.

그가 하이톤으로 말을 걸어왔다.

"재팬에서 왔느냐?"

나는 재팬이 아니고 코리아라고 또박또박 알려주었다. 그가 풍기는 분위기로 보아 서부 아시아 국가에서 유학 와서 아르바이트로 그림을 그리는 학생일 것으로 짐작했다. 나도 대학 다닐 때 고학하며 어려운 시절을 보낸 적이 있기에 그 청년 앞을 그냥 지나치기 어려웠다. 생활비라도 조금 보태주고 싶어 그가 내어 놓은 간이 의자에 걸터앉았다.

마침 뒤를 따라오던 아내가 눈을 흘기며 "시간이 없구먼!"하고 끌어당겼다. 나는 남자 체면에 못 들은 척 버티고 앉아 있었으나 초조하기는 마찬가지였다. 다른 일행이 나로 인해 여행 일정에 차질을 빚으면 안 되기 때문이었다.

화가가 눈치를 채었을까? 손놀림이 빨라지더니 10분도 걸리지 않아 초상화를 쓱쓱 그려서 내놓았다. 나는 마음이 바빠 자세히 살펴보지도 않은 채 두루마리를 받아 들고 그 자리를 황급히 떠났다.

여행에서 돌아와 짐을 정리할 때도 펼쳐보지 않고 벽장 속에 던져두었다. 그리고 잊은 채로 30년 가까운 세월이 흘렀으니 기억에 남아있을 리가 없었다. 집수리하지를 않았더라면 영영 묻혀버리고 말았을지도 모를 초상화였다. 처음 볼 때 초상화는 얼굴의 특징을 잘 살려 누가 봐도 나라는 것을 알 수 있을 만큼 잘 그린 그림이었다.

그림을 자세히 들여다보니 그 속에 어찌 보면 존 에프 케네디 같고 어찌 보면 알랭 드롱 같은 이미지가 겹쳐 보였다. 젊은 시절, 질녀로부터 케네디 대통령을 많이 닮았다는 이야기를 들은 기억이 났다. 내가 그런 유명 인사에 비교될 만큼 잘 생겼다는 생각은 꿈에도 해본 적이 없으나 기분이 나쁘지는 않았다.

잠시 인연을 맺었던 그 청년 화가는 지금쯤 어떻게 살고 있을까 궁금해졌다. 그때 시간적 여유가 있었더라면 그림을 칭찬해 주고 팁이라도 넉넉히 주었을 텐데 아쉬웠다. 그가 훌륭한 화가로 성공했기를 빌었다.

초상화에서 나는 그의 호의를 읽을 수 있었다. 내민 의자에 선뜻 앉아준 나에게 그는 프랑스 최고의 미남 배우인 알랭 드롱의 이미지를 덧씌워준 것 같았다. 그 그림을 표구해서 이번에 새로 꾸민 서재에 걸어 두었다. 한창 활발하게 동분서주하던 오십 대 초반의 내 모습이어서 애정이 갔다.

지금은 머리가 온통 백발이고 얼굴은 주름살투성이로 바뀌었어도 초상화를 바라볼 때마다 나는 아직도 그때의 모습을 간직하고 있다는 환상에 젖곤 한다.

오지 않는 비둘기

영하 10도를 오르내리는 매서운 추위라 이틀째 집에 틀어박혀 있었다. 오늘은 햇볕이 좋아서 바깥바람이나 쏘이고 올까 하고 망설이는 중이었다. 점심 식사를 마치고 차를 한잔하고 있는데 아내가 권했다.

"여보, 오늘은 덜 추우니 햇살 좋을 때 산책하고 오세요."

여느 때는 늦은 오후에 산책했으나 오늘은 일찍 나섰다. 두툼한 패딩 재킷을 걸치고 집 근처 한강공원으로 나갔다. 어제보다 기온이 올라 봄기운이 느껴졌다. 성산대교 쪽으로 부지런히 걸었다. 며칠 만에 걸으니 움츠러든 다리 근육이 풀리면서 상쾌한 기운이 온몸으로 퍼져나갔다.

'집사람 말 듣기를 잘했구나, 역시 걷는 게 보약이야.'

나는 늘 이 코스를 걷는다. 2km 남짓 걸으면 내가 정해둔 반환점이 있다. 그곳에서 잠시 쉬었다가 집 방향으로 돌아온다. 왕복 1시간 정도 걸려 알맞은 운동량이다. 나는 산책할 때 호흡에만 신경을 쓴다. 잡다한 생각에서 벗어나 무념무상에 머무르려 노력한다. 오로지 나아가는 방향에만 집중할 뿐이다.

어느새 반환점에 이르렀다. 쉼터 벤치에 걸터앉아 잠시 호흡을 고르고 있었다. 그곳 벤치는 느티나무를 가운데 두고 입구(口) 자로 짜서 만든 것이다. 주변에는 인기척이 없었다. 바람 한 점 없고 햇살도 따사로워 기분이 상쾌했다. 아내와 함께 왔으면 더 좋았을 걸 하는 생각이 들었다.

그때 비둘기 한 마리가 날아들었다. 인사를 하듯 고개를 까닥이며 내 발끝에서 알짱거렸다. 문득 장난을 쳐보고 싶었다. "이 녀석!"하고 발로 건드렸더니 후다닥 물러섰다. 어떻게 하나 싶어 옆 눈으로 살펴보았더니 내 쪽으로 또 다가오는 것이었다.

마침 재킷 주머니에 있는 비스킷 봉지가 생각났다. 비스킷을 잘게 쪼개어 비둘기에게 던져 보았다. 녀석은 기다렸다는 듯 날름 쪼아 먹었다. 조금 더 던져 주니 서슴없이 반기며 달려들었다. 배가 고팠던 모양이었다. 어쩌나 싶어서 더는 주지 않고 기다려 보았다. 녀석은 내 발끝에서 떠날 줄 모르고 맴돌았다.

이번에는 발끝 바로 아래에다 비스킷 조각을 놓아 보았다. 겁먹고 오지 않을 줄 알았는데 슬금슬금 다가왔다. 내가 움직이면 녀석도 한 발짝 물러서긴 했지만 나를 경계하는 눈치가 아니었다. 이번에는 비스킷을 손바닥에 얹어서 내밀었다. 녀석은 고개를 갸우뚱거리면서 먹으려 들지 않았다. 아직은 나를 못 믿겠다는 뜻이었을까?

대개 비둘기는 대여섯 마리씩 떼를 지어 몰려다니는데 다른 놈은 눈에 띄지 않았다. 추워서 둥지에 웅크리고 있는 것일까? 이놈은 살이 통통하게 쪄서 추위를 탈 것 같지 않았다. 녀석이 내 주머니에 비스킷이 들어 있다는 걸 눈치챘나? 아니면 벤치에 혼자 앉아 있는 나를 위로해 주려 왔나? 이런저런 생각을 하노라니 비둘기에 왠지 정이 갔다. 추위도 잊은 채 비둘기와 재미있게 놀았다. 짧은 시간이지만 처음으로 동물과 교감하는 느낌을 받았다.

나는 늘 쫓기듯 살았다. 사업을 시작한 후 안정될 때까지 마음은 언제나 바빴다. 만나자는 사람이 있으면 있어서, 없으면 없어서 바빴던 게 일상이었다. 그런 게 습관이 되어버려 반사 반응을 일으키는 모양이었다. 산책을 나와 쉴 때도 느긋하지 못하고 누가 기다리기라도 하는 듯 잠깐 엉덩이를 의자에 붙이는가 싶다가는 일어서곤 했다. 매사에 여유롭지 못하고 조급했다.

나는 애완동물을 키워보지 못했다. 아이들이 유치원에 다닐 때 단독주택에서 개를 한 마리 키워본 적은 있었으나 애완견이 아닌 까만 토종 개였다. 주인을 잘 따르고 밤에는 잘 짖는 충견이었다. 그 개를 집 앞 도로에서 교통사고로 잃은 후로는 개를 키우고 싶지 않았다.

오늘 우연히 비둘기를 만나 말 못 하는 동물과 교감을 해본 것은 신선한 충격이었다. 비둘기가 나를 두려워하지 않고 내 발끝에서 먹이를 먹는 걸 보면서 동화 속 주인공이 된 기분이 들었다. 내 가슴 속에 아직 촉촉한 구석이 남아있음을 느꼈다. 어쩌면 이젠 애완동물을 데리고 다니는 사람들을 부러워할 수도 있겠다는 생각이 들었다.

다음날, 들뜬 기분으로 비슷한 시각에 그 자리에 다시 갔다. 나보다 앞서 비둘기가 와서 놀고 있었다. 반가운 마음에 안아주고 싶었다. 손을 뻗치니 녀석은 무정하게도 저만치 도망을 쳤다. 준비해 간 비스킷 봉지를 뜯었다. 녀석은 기다렸다는 듯 나를 쫓아왔다. 멀게 또는 가깝게 비스킷 조각을 흩어 놓았는데 녀석은 그 작은 눈으로 하나도 빠뜨리지 않고 찾아 먹었다. 비둘기 눈은 물고기 눈을 닮았는가? 광각으로 주위를 살필 수 있는 것 같았다.

나는 뜯은 비스킷 봉지에서 절반을 남겼다. 많이 먹으면 배탈이 날까 걱정이 되어서였다. 남긴 것은 다음날에 다시 와서 줄 작정이었다. 비닐봉지에 싸서 주머니에 넣고 비둘기에게 손을 흔들어 작별 인사를 했다.

그리고 그다음 날, 나는 같은 시각에 그곳에 갔다. 하지만 그 비둘기는 보이지 않았다. 30분가량 서성거리며 기다렸으나 끝내

오지 않았다. 젊은 시절, 데이트를 신청하고 약속 장소에서 기다려도 오지 않는 여인을 기다리는 심정이었다.

'배탈이 난 걸까?'

'내가 먹이를 남겨서 삐친 것은 아니겠지?'

'그사이에 고양이 놈에게 당하지나 않았는지?'

온갖 생각을 하며, 집으로 돌아오는 발걸음이 무거웠다.

이면지 애용

우리나라가 역사상 전례 없이 빠른 속도로 발전한 나라란다. 시골길을 다녀보면 피부로 느낄 수 있다. 어딜 가도 어릴 적에 보았던 궁색한 티는 찾아볼 수 없다. 불과 60년 전의 일이지만 격세지감이 크다.

고생하시던 홀어머니 생각에 세월의 추를 해방 전후로 돌려본다. 송구(소나무 속껍질) 죽으로 끼니를 때우던 기억이 난다. 어머니는 바느질 솜씨가 좋아 삯바느질을 하셨다. 내가 초등학교 5학년 때 6·25전쟁이 터졌고, 살림살이는 더 어려워졌다. 어머니의 독일제 싱가 재봉틀 소리를 자장가로 알고 잠이 들 때가 많았다.

공책이나 연필을 아껴 쓰라고 야단을 맞을 때가 자주 있었다.

공책은 누런색 종이였고 지우개로 지우면 찢어지기도 잘하고 구멍이 쉽게 뚫렸다. 연필은 잘 부러지고 써지지 않아서 침을 묻혀서 써야만 되었다.

그런 속사정을 모르는 어머니는 다그쳤다. "아껴 쓰라…!"고. 어머니의 주머니 사정을 잘 아는 나로서는 아끼고 또 아꼈다. 그런데도 어머니는 나의 고충을 모르시는 모양이었다.

"엄마! 공책 사야 해요"

"오냐~."

이렇게 시원한 대답은 한 번도 들어보지 못했다. 그래도 어머니를 원망해 본 적이 없었다. 되레 학기 말이면 우등상으로 공책이나 연필을 받아와서 어머니를 즐겁게 해드렸던 막내아들이었다. 종이 한 장에 대한 애착이 어제오늘에 생긴 게 아니다. 초·중학교에 다니면서 들은 어머니의 잔소리 덕분이다.

절약은 몸에 배어야 하기 쉽다. 의식적으로 하는 절약은 괴롭다. 그러려면 오랜 세월 공을 쌓아야 한다. 성공학 분야의 권위자인 오그 만디노는 "좋은 습관의 노예가 되어라."라고 했다.

나는 회사를 차렸다. 다행히 운(運)발이 맞아서 기업을 키울 수 있었다. 그래도 나는 어릴 적 습관대로 종이 한 장을 허투루 쓰지 않는다.

신입 사원 중에는 A4용지를 쓰다가 틀리거나 하면 쭈그려서 쓰레기통에 쉽게 버리는 친구들이 있다. 근래에는 여러 사람 앞에서 면박을 주지 않고, 조용히 불러서 나무라지만….

"자네, A4용지 한 장에 얼마인지 아는가?" 대답을 못 하고 우물쭈물하는 직원이 더 많다. 실제로 정확하게 아는 사람이 없다. 모르니까 대수롭잖게 생각하고 쭈그러트려서 툭 던져버리는 것이다.

"그거 한 장에 10원이야. 우습게 생각지 말게. 그리고 버려야 될 경우라면 이면지로 활용하고, 다 쓴 뒤에 버리도록 하게." 나는 우리 회사에서 '지독한 잔소리꾼'으로 소문이 나 있다. 하지만 그런 소문을 개의치 않는다.

"티끌 모아 태산이다."라는 속담이 생각난다. 티끌을 모아 태산을 만들 수야 없겠지만 그런 마음을 가져야 부(富)를 이룰 수 있다는 비유어일 것이다. 나는 이 말을 믿으며 살았다.

지금도 나는 이면지를 애용한다. 아니 나에게는 이면지란 것은 없다. 회사에서 행사가 있을 때면 구변(口辯)이 없는 나는 꼭 원고를 만들어 읽는 경우가 많다. 그럴 때 절대로 새 용지에 원고를 쓰지 않는다. 이면지를 구해서 사용한다.

가끔 성공담이 뭐냐고 묻는 이가 있다. 할 말이 궁색하다. 종이 한 장에 웃고 우(화를 내)는 나에게 가당찮은 질문이다. 분명한 것은 그렇게 알뜰하게 살림을 살았기에 월급날을 어기지 않는 회사가 되었던 모양이다. 우리 회사에는 10년, 20년의 장기근속자가 여러 명 있다.

가난이 좋은 스승이라면 믿어질까?

김 과장의 책임감

양변기에 이상이 생겼다. 물줄기가 약해져서 시원하게 물을 내릴 수가 없다. 이것저것 만져보았으나 내 솜씨로는 해결하지 못했다. 수압 탓인가 싶어 아파트 관리실에 연락했다. 김 과장이 와서 점검하더니 수압은 정상이며, "변기에 고장이 생긴 것 같네요."라고 조언해 주고 돌아갔다. 내 추측에도 변기 이상이 틀림없다는 생각이 들었다.

2년 전에 아파트 인테리어 공사를 할 때 변기를 바꾸었다. 바꾼 것이 중국에서 생산된 미국제품이었다. "국산품이 좋은 게 많은데 왜 중국제를 썼어요?" 하며 설비업자에게 불평했던 기억이 났다. 그런 선입견 때문인지 변기가 잘못되었을 것이라는 믿음이 굳어졌다.

변기업체에 전화를 걸었다. A/S가 많이 밀려서 이틀 뒤에 찾아뵙겠다는 대답이다. 그 이틀은 유난히도 지루하고 짜증이 났다. 대야에 물을 받아서 변기를 씻어 내려야 하는 수고를 더 해야만 했기 때문이다.

마침내 수리기사가 왔다. 30대 초반으로 보이는 빵빵한 체구의 젊은이였다. 입고 있는 작업용 조끼는 좀 낡은 듯했고, 주머니마다 작업에 필요한 공구와 필기구가 짜임새 있게 꽂혀 있었다. 변기를 나무랄 때와는 달리 그의 모습을 보는 순간 쌓였던 역정이 사그라졌다.

'이 사람이면 잘 고치겠구나!'라는 생각에 안심이 되었다. 기사는 고장 부위를 찾느라 양변기를 해체했다. 펼쳐놓은 내부를 보니 과거의 물통식 양변기와는 전혀 다른 직수식이었다. 기사가 해체해 놓은 내부는 복잡한 부품들로 조립되어있는 게 아니었다. 한 덩어리 모듈로 되어있었다. 모듈을 통째로 바꿔야 하는데 가격도 비쌌다. 어쩔 수 없어 14만 원짜리 모듈을 바꿔 보았지만 역시 마찬가지였다. 기사는 한 시간이 가깝도록 땀을 흘렸으나 고장 부위를 끝내 찾지 못했다.

"변기에는 아무 이상 없는 것 같습니다."

"그럼 어떡해야 하지요?"

"수압이 약한 탓이니, 설비업자를 불러서 점검받는 게 좋겠습니다."

변기 기사는 공구와 떼놓은 모듈을 챙겨 떠나면서 "제 출장비 3만 원만 주십시오."라고 했다. "왜 모듈값은요?" "제가 본사에 알아서 보고 할 테니 주지 않으셔도 됩니다." 매우 양심적인 사람이었다.

"당신이 부담해서야 되나요? 고생도 많이 했는데…." 그런데 그는 내 호의를 끝내 거절했다. 관리실 김 과장도 신형 양변기의 구조를 배우겠다며 내 곁에서 끝까지 지켜보고 있었다.

변기 기사를 돌려보내고, 집수리를 맡아 했던 업자에게 전화를 걸었다. 늦은 시각이어서인지 전화를 받지 않았다. 걱정스럽고 짜증스러운 마음으로 저녁 식사하고 있는데 전화벨이 울렸다. 설비업자인 줄 알고 반가워서 얼른 받았다.

그러나 의외로 관리실 김 과장이었다. "접니다. 제가 조금 후 8시경에 잠깐 들르겠습니다. 점검할 게 있어서요." 잠시 후에 현관 벨이 울렸다. 김 과장이 다시 왔다.

"수도계량기를 좀 해체해 보려고 왔습니다."

"계량기는 왜요? 계량기에 무슨 문제가 있나요?"

현관문 바깥에는 양수기 함이 있고, 그 속에는 수도계량기와 온수 계량기가 나란히 설치되어 있었다. 그는 수도계량기 이음 쇠를 풀고 -자 드라이버와 손가락으로 계량기 쪽 파이프를 후벼 팠다. 시커면 패킹 부스러기 몇 조각이 튀어나왔다. 그는 약간의 손질 후에 다시 이음쇠를 조립하고, 화장실 수도를 틀어보라 했다. 지금까지 속을 썩이던 수돗물이 콸콸 쏟아졌다.

"됐네요! 됐어요!" 나는 기뻐서 큰소리를 질렀다. 수도계량기 이음새에 까만 패킹 부스러기가 막고 있었던 탓이었다. 벽을 헐어내는 대공사를 해야 하지 않을까 걱정하던 터라, 물이 쏟아지는 걸 보니 노다지를 건진 기분이 들어, 나도 모르게 탄성이 나왔다.

오늘의 해프닝은 처음에 수압 탓인가 해서 김 과장을 불렀을 때, 김 과장이 지금처럼 차분하게 배관을 점검했더라면 변기 업자까지 부르는 소동은 일어나지 않았을 터인데, 그가 실수했다는 생각이 들었다. 김 과장을 타박하고, 그에게 책임을 묻고 싶었다.

하지만 나는 김 과장을 크게 나무라지 않았다. 이유는 단지(團地) 내 120여 가구의 자질구레한 심부름을 혼자서 맡아 수고하는 그를 타박할 수가 없었다. 2년 전까지는 두 사람이 맡아 하던 일을 요즘에는 인건비 절약 때문에 혼자서 뛰고 있다. 그런 그에게 나무라는 게 미안했기 때문이다. 실수는 얼마든지 지탄받아야겠지만 자기 실수를 인정하고, 퇴근했다가 다시 와서 고쳐 주는 그 마음씨가 가상했다.

또 다른 한편으로는 오판의 책임이 나에게도 있다. 중국제를 얕잡아 보고, 선입견만으로 소동을 일으킨 나의 경솔함도 그냥 덮어 버릴 수 없기 때문이다. 도리어 김 과장에게 늦은 시간에 와서 수고했다고 수고비를 챙겨주었다.

다음 날 새벽에 나는 신문을 들이려고 현관문을 열었다. 김 과장이 양수기 함 앞에 서 있어서 깜짝 놀랐다.

"왜 이리 이른 시간에 왔어요. 무슨 문제가 있나요?"

"아니요, 혹시 물이 새지 않나 해서 와 봤습니다."

밤새도록 집주인인 나보다 더 걱정하다니, 그의 높은 책임감에 감동이 되었다.

세상에는 보이지 않는 곳에서 자기의 몫을 성심성의껏 책임지고 있는 고마운 사람들이 많다. 그래서 이 세상이 아름답고 살만한 가치가 있는 것 같다. 엄동설한에 어둑어둑한 새벽길을 청소하는 미화원들의 노고(勞苦)나, 소방대원들이 위험을 무릅쓰고 진화작업을 하는 것을 볼 때면 숙연해진다. 그들의 숨은 노력이 이 세상을 밝게 만들고 있기 때문이다.

기회가 생기면 김 과장의 돋보이는 책임감을 널리 알리고 싶다.

행복하고 싶다

"현대인의 불행은 옛날과 달라서
결핍이 아니라 과잉에서 옵니다."

\- 법정 스님

제3부

장수기업의 꿈

각 분야에서 갈고 닦은 중소기업의 우수한

기술 자산을 2대 3대에게 부담 없이 대물림하도록

길을 열어준다면 좋은 변혁의 기회가 될 수 있을 것이다.

사훈을 바꾸다

2000년 새로운 밀레니엄 시대를 맞이했다. 뉴 밀레니엄을 맞는다고 온 세상이 시끌벅적했다. 국경이 없어지고 모든 나라가 일일생활권으로 좁혀진다고 야단이었다. 컴퓨터 기술을 접목하면 깜짝 놀라게 될 일들이 많아질 것이라는 예측도 무성했다. 세상은 실제로 그런 방향으로 급속히 바뀔 것이 분명했다.

마침 우리 회사도 2000년을 맞아서 평택에다 새 공장을 신축하였다. 그리고 이듬해 2월에 '부천시대'를 마감하고 새천년과 더불어 '평택시대'를 열었다. 새 터전에 새 공장에서 새 시대를 열게 되니 기쁘기 한량없었다. 그래서 회사의 이모저모를 새 환경에 맞추어 개선하고 바꾸기로 했다. 경영방식이나 직원들의 의식구조도 개선할 필요를 느꼈다.

그중에서 가장 먼저 사훈을 바꾸고 싶었다. 기존 사훈은 20년 전에 회사 설립 당시에 만든 것이다. '성실, 협동, 창의'라는 내용으로 되어있다. 지금 시대는 뛰는 것도 부족하여 날아야 할 판국인데 고색창연한 사훈을 그대로 쓰기가 멋쩍어서 새 시대에 맞게 바꾸기로 했다.

이미 영업부서에서 사용하고 있던 '남방상도(南邦商道)'를 격상해서 새로운 사훈으로 사용하고 싶었다. '남방상도'는 창사 10주년이 되었을 무렵에 영업부서의 인원이 늘어나면서 업무지침으로 만들어 쓰던 것이다. 구체적인 내용은 "초심을 갖자. 신뢰를 얻자. 투기를 말자."라는 세 가지 행동 요령으로 구성되어 있다. 그것은 내 경영방침이기도 하지만, 어릴 적에 할아버지께서 "무엇을 하던 분수에 맞게 하고 순리에 따르라."라는 가르침이기도 했다.

학창 시절에 나는 학비를 조달할 수 없어서 마음고생을 많이 했었다. 그 시절을 잊지 못하고 늘 마음속에다 빚으로 간직하고 살아왔었다. 내 힘으로 기업을 일으켜서 이윤을 창출하고, 사회에 되돌리고, 그것으로 약자들을 도울 수 있는 후원자가 되고 싶어 했었던 게 나의 젊은 시절의 꿈이었다. 다행히 그 소원을 평택시대를 열면서 '평안밀레니엄장학재단'을 통해서 뜻을 이루어가고 있다.

예측대로 온 세상이 일일생활권으로 바뀌고, 경쟁도 국제화가 될 수밖에 없으니 언제까지나 우물 안 개구리가 되어서는 아니 될 때이다. 넓은 세상으로 나서야 할 처지라면 그에 걸맞게 적응력을 길러서 글로벌 기업으로 발전시켜 보고 싶었다.

'남방상도'가 바로 그러한 환경변화에 어울리는 사훈이 되리라 믿었다. 사훈으로 격을 높이면서 디자인도 새롭게 바꾸었다. 바탕색은 지구의 색깔인 주황색(coral color)으로 했다. 주황색은 회사 설립 때 처음 카탈로그를 제작하면서 표지색으로 썼을 만큼 내가 좋아하는 색이다. 그 위에 검정색으로 '南邦商道'라고 졸필이지만 직접 썼다. 그것을 새로운 사훈으로 세상에 내어놓았다.

새로운 사훈에다 몇 가지 소망도 담았다. 새 시대에 새 공장에서 새롭게 출발하는 남방씨앤에이 그룹에 새로운 행운이 가득 차오르기를 빌었다. 그리고 승승장구할 수 있도록 추진력도 듬뿍 채워 주십사 하는 염원을 함께 빌었다.

회사에 들어서면 가장 눈에 잘 뜨이는 본관 앞 정원에다 무게가 5톤 정도의 큼직한 자연석 '곰'돌(얼핏 보면 곰같이 생겨서 붙인 이름임)을 구해서 '南邦商道'를 음각하여 기념비도 하나 세웠다. 거기에도 천년만년 건승하기를 기원하는 소원을 담았다.

세상은 넓고도 좁았다. 내가 들뜬 기분으로 '남방상도'를 만들기 위해 뛰어다니고 있을 때 최인호 소설가도 '상도(商道)'라는 장편소설을 출판했다. 그 내용이 궁금해서 견딜 수가 없었다. 나는 '상도'라는 소설 제목에 호기심이 생겨서 서점으로 뛰어가 한

질을 구입했다.

그 소설의 주제는 우리나라에도 상업에 도를 이룬 성인(聖人)이 있다는 것을 널리 알리고 싶어, 의주 상인 임상옥의 일생을 부각한 것이라고 했다. 최인호 작가에 비할 바는 아니지만 나도 그런 뜻으로 내 꿈을 키워보고 싶어서 사훈을 '남방상도'라고 바꾸었는데 우연치곤 너무 절묘해서 호감이 갔다.

말없이 천년만년을 흐르는 강물처럼 '남방상도'를 사훈으로 사용한 지도 어느덧 20여 년이 지났다. 회사는 사훈대로 정도를 걸으며 착실하게 성장해왔다. 그 사이에 '은탑산업훈장'도 수상했고 수출의 날에 '천만 불 수출의 탑'도 받았다.

이 모든 것이 "초심을 갖자. 신뢰를 얻자. 투기를 말자."라는 '남방상도'의 사훈을 따른 결실이라 믿으며, 우리 임직원들에게 감사하고 있다.

부자간의 대화

"출근 시간을 지키도록 해라. 모범이 되어야지." 술을 많이 마신 탓으로 출근이 늦어진 아들을 나무랐다. 늦은 것도 문제이지만 과음이 잦은 것 같아 걱정되어 그랬다. 체질에 맞지 않는 술을 폭음하거나 과음하면 여러 가지 부작용이 생길 것 같아서다.

버릇은 되풀이하는 데서 생긴다. 버릇되고 나면 고치기는 정말 어렵다. 사업에 연루된 술자리 일지라도 요령껏 본인이 알아서 피해야 한다. "아버지 잔소리 때문에 술을 마신다."라는 가당찮은 소리도 들린다. 속은 타지만 못 들은 척하고 넘어간다.

그러다가도 숙취 때문에 비실거리는 아들의 모습을 보거나, 황달기를 띠고 있는 얼굴을 대할 때면 내 속은 또 말이 아니다. 나는 나대로 애를 태우고, 저는 저대로 잔소리(?)에 찌드는 모양이다.

"이젠 그만 하세요. 제가 충분히 알고 있으니 고칠게요."

"그래라. 건강을 생각해야지…."

우리 부자는 이런 재미없는 얘기를 자주 나누었다.

차라리 내가 술꾼이 되어 추태를 부리고 싶다. 그런 아버지를 보면서 '저러면 안 되는데…, 저러다가 다치고 병들면 어쩌나!'하고 자식이 내 걱정을 하는 게 낫겠다.

내가 어릴 때는 국민소득이 100불이 안 되는 최빈국이었다. 그런 가운데서도 어른 말을 따르지 않으면 사람대접을 받을 수 없었던 효(孝)를 중시하던 시대였다. 요즘 아이들은 대가족제도가 어떤 것인지 경험해보지 못했고, 단출한 핵가족 구조에서 성장했다. 게다가 국민소득 3만 불 시대를 구가하는 배부른 시대를 살면서 아버지의 부탁을 그저 심심풀이 삼아 하는 잔소리 정도로 치부해도 탈이 없는 시대가 되었다.

같은 시대를 살면서도 삶의 질이나 사고의 방식은 부자간이지만 너무 다르다. 그렇더라도 변해서는 안 될 것이 '사람의 도리'이다. 만물의 영장(靈長)이라는 일컬음을 받으려면 '사람의 도리'를 지키는 게 옳다.

아들이 이 글을 본다면 '아버지 눈에는 결점만 보이는가? 칭찬은 왜 없단 말인가?' 서운해할 수도 있을 것이다. 칭찬하고 고마워할 일들이 없어서 그런 게 아니다. 듬직한 체구, 호탕한 웃음, 명석한 두뇌, 현란한 화술, 책임감 등 그 외에도 내 자식임이 자랑스러울 때가 많다.

그러나 그런 것들은 자식을 그르치기 쉬운 달콤한 사탕발림이니 삼가라는 할아버지 말씀을 나는 따르기 때문이다. 더 잘하고, 더 훌륭하고, 더 사회적인 사람이기를 바라는 게 부모의 마음이다. 그러한 것을 바라고 사는 아버지의 소망이 때로는 지나칠 수도 있다.

하지만 쾌락은 순간이고 인생은 100년을 가야 한다. 너도 알듯이 나는 아버지를 받들어보지 못했다. 아버지의 가르침도 받아 보지를 못했다. 그런 것들이 얼마나 한이 되는지, 너는 알 수 없을 것이다. 변명으로 생각지 마라. 세상의 부모들은 모두 다 나와 같을 것이다.

'아버지는 나를 못된 놈으로 만들고 있어!' 천부당만부당한 오해이다. 우리 부자는 잣대가 달랐을 뿐이다. 30년이라는 세월의 벽이 우리 사이를 그렇게 만들어 놓은 것이다.

나는 아버지의 사랑을 몰랐고, 너는 아버지의 사랑을 넘치게 받았기 때문인지도 모른다. 내 잣대는 욕심의 잣대였고, 네 잣대는 호사의 잣대였을 것이다.

지금은 내 욕심의 잣대가 과했음을 뉘우치고 있다. 하지만 간접경험도 좋은 영양제가 될 수 있단다. 우리는 오래도록 많은 것을 나누어오지 않았느냐?

"또 잔소리…!'라는 선입견을 버리고 대하자.

오순도순 나누는 부자간의 대화는 많을수록 좋은 것이니까.

높았던 은행 문턱

"모르면 겁이 없다."라는 말이 있다. 에어로졸 제품 제조업을 하겠다고 회사를 차리고 분주하게 돌아다닐 때다. 5~6개월 고심 끝에 제품 카탈로그가 인쇄되어 나왔다. 그것은 회사의 얼굴이자 자존심이기에 심혈을 기울였다.

앞표지에는 회사 브랜드인 'NABAKEM'을 대문짝만하게 크게 박았다. 그리고 뒤표지에는 회사 이름, 주소, 전화번호 그리고 '주거래은행 : △△△△은행 문래동지점'이라고 인쇄했다. 표지의 전체바탕은 내가 좋아하는 주황색으로 깔았다. A4지 8면의 제품 카탈로그가 탄생한 것이다.

시작이 반이라고 절반의 성공을 자신하면서 카탈로그를 들고 의기양양하게 문래동지점으로 갔다. 내 사무실에서 가장 가까웠기 때문이다.

"지점장님을 뵈러 왔습니다." 창구에 명함을 들이밀었다.

"약속이 있으셨나요?"

"아니요."

"무슨 일로 오셨는데요?"

"거래를 좀 트려고요."

"예, 그럼 제가 도와 드릴게요."

"아닌데요. 지점장님을 뵙고 긴히 말씀드릴 게 있어서요."

"저에게 말씀하시면 됩니다."

창구 여직원의 대답이 거침없고 쌀쌀맞았다. 순간 나도 조금 격앙되었다. "뭐가 이렇게 까다로워! 거래 좀 트겠다는데, 지점장님 뵙는 게 이렇게 어려워서야!" 혼잣말이었지만 톤이 좀 올라갔다.

그제야 여직원이 뒷자리의 높은 사람 쪽으로 고개를 돌리며 응원을 청하는 눈치였다. 그가 몇 발짝 걸어와서,

"왜 그러세요. 저와 얘기합시다."

"아니요, 됐어요! 지점이 여기뿐인가요? 지점장님을 뵙고 긴히 상의를 드리고 싶은 게 있어서 그래요! 그만둡시다."

나는 순간적으로 무시당한 느낌을 받았다. 꾀죄죄해 보이는 젊은이라 무시하는 건가? 울컥하는 감정 때문에 톤이 조금 더 높아졌다. 사실 욱해서 될 일이 아닌데 욱하고 말았다. '아차…!'하

는 그때, 지점장실 문이 조금 열리면서 "K차장! 들어오시게 해."라는 소리가 나왔다.

다행이었다. 역정을 내어 지점장과의 면담이 무산될 경우, 인쇄해 둔 카탈로그 1,000부는 어떡한단 말인가? 계산 없이 덤벼들었던 내가 쑥스러웠다. 지점장실로 들어섰다. 의자에 앉아 있던 지점장이 소파로 오면서 응대해 주었다.

"무슨 일이십니까?"

"설명이 조금 길어도 되겠습니까?"

나는 제품 카탈로그를 펴놓고 자세를 많이 낮추었다. 격앙된 감정을 감추고 요점을 자세하게 설명하였다. '주거래은행 : △△△△은행 문래동지점'이라는 표기를 사용하도록 허락해 달라는 부탁, 당좌거래를 트게 해 달라는 부탁, 그리고 굳이 △△△△△은행을 택한 이유와 주거래은행을 표기하는 까닭을 설명했다. 물론 나의 신상에 관한 것과 회사의 설립 동기, 장래성에 대한 설명도 덧붙였다.

그날 만난 지점장은 외모도 출중하려니와 보통 사람보다 큰 체격에 고생을 모르고 살아온 사람인 양 부티가 도는 인상이었다. 나보다는 10년쯤 인생의 선배인 듯 보였다.

"잘 알겠습니다. 아시다시피 은행이란 곳이 원래 좀…. 양해하시고 직원이 부탁하는 서류를 준비해 주시면 검토해 드리겠습니다." 지점장의 긍정적인 태도와 부드러운 매너에, 잠시 전에 취했던 나의 졸렬한 행동이 몹시 부끄러웠다.

그런 후, 1주일쯤 지나 K차장의 전화가 걸려 왔다. "거래를 허락했습니다. 나오셔서 약정서를 작성해 주십시오."

매우 기뻤다. 높디높다는 은행 문턱을 넘어섰다. 나의 전 재산인 서교동 집을 담보하고 당좌거래까지 트게 되었다. 사업을 시작하면서 가장 걱정되었던 단기자금 조달 문제가 그리해서 해결되었다.

얼마 후에 그(지점장)는 본점으로 자리를 옮겨갔다. 그리고 또 몇 년이 지나서는 △△△△은행 은행장으로 올라갔다. 일면식도 없는 나에게 당좌거래까지 허락해준 그의 넓은 도량에 엎드려 절이라도 하고 싶었다.

그런 인연으로 나도 40년 동안 △△△△은행의 우수고객이 되고자 열심히 노력하였다. 뿐만이 아니라 그때 느낀 '동행(同行)'이라는 끈끈한 정을 잊지 못해 지금까지 가슴 깊이 간직해 왔다. 기회 있을 때마다 그의 '약자의 편에 서서 살아가는 모습'을 배우며 닮으려고 노력하였다.

그때 내가 쓴 '주거래은행 : △△△△은행 문래동지점'이라는 문구는 어쩌면 그가 소망하던 아로마 향이었는지도 모를 일이다. '주거래은행'의 아이디어는 순수한 내 것이 아니었다. 일본에 다니면서 수집한 각종 카탈로그에서 모방한 것이다. 하지만 국내에서는 내가 처음으로 인용한 아이디어였다.

그렇게 시작한 사업인데 어느새 40년 세월이 흘렀다. 세월에 묻혀서 가물가물 잊혀가는 사연들이다. 하지만 무모함을 포용해 주고 부족함을 채워 준 김○○ 지점장의 너그러운 마음을 나는 잊고 싶지 않아 다시 한번 되새김질해 본다.

　곱게 물든 한 장의 단풍잎처럼 책갈피에 끼워놓고 오래도록 추억으로 남기고 싶다. 높디높은 은행 문턱을 낮춰준 고마운 그 마음을….

반면교사

- 이웃이 흥해야 나도 흥한다

존경하던 사업 선배들이 있었다. 창업의 명수 K 회장, 제조업의 달인 H 회장 그리고 유통업의 대가 S 사장이다. 나는 K 회장을 모시고 10여 년간 함께 일 한 적이 있다. 그는 기획에 능통한 경영인이었다. 그를 통해 H 회장, S 사장 같은 시장 흐름에 밝은 두 분도 알게 되었다. 세 분을 자주 만나면서 그들의 경영 스타일을 어깨너머로 배웠다.

나는 일찍부터 제조업을 꿈꿔 왔다. 그러나 사정이 여의치 못해 꿈으로만 간직했다. 그러던 중 K 회장과 의견 차이로 다니던 회사를 떠나게 되었다. 용기를 내어 창업을 결심했다. 평소에 꿈꿔 오던 에어로졸 제조업에 손을 대기로 했다. K 회장은 그간의 정의를 잊지 않고 일정 기간 보수(報酬)를 약속해 줘서 용기를 얻었다.

고향 후배 두 사람과 여직원 한 사람을 데리고 서울시 구로구 구로동에 사무실을 열었다. 현실은 생각보다 냉혹했다. 칡넝쿨같이 얽혀 돌아가는 유통시장에 내가 발을 붙일 자리는 없었다. 설상가상으로 자본이 넉넉지 못하니 기술력만으로 뚫어 나가야 했다.

고심 끝에 자리를 잡을 때까지 다품종 소량 생산체제를 택하였다. 다품종 소량 생산은 번거롭기만 할 뿐 수익성이 낮아 기존 회사들은 기피 하는 분야였다. 나는 이점을 역으로 활용해 시장 진입을 꾀하기로 마음을 다잡았다.

'농자천하지대본(農者天下之大本)'이라 했듯이 사업에도 역시 사람이 근본일 것이라 믿고, 갑질에 시달리고 있는 영세한 중간 상인들을 도우며 상생의 길을 가기로 마음을 굳혔다. 남들은 가지 않는 험한 길이다. 하지만 그 속에 '블루오션'이 있다고 믿었다.

외람되지만 앞서 말한 세 분 선배를 반면교사로 삼았다. 그분들의 장점을 거울로 삼고, 단점은 보완해서 역으로 활용했다. 그분들이 사업에는 수완이 뛰어났으나 직원이나 주위 고객에게는 냉혹한 면이 의외로 많았다. '나는 저렇게 하지 않아야지!'라고 생각했었다.

갑과 을 사이에서 을은 언제나 약자이다. 우리 회사와 연관되는 약자들은 세 그룹이 있다. 우리 제품을 취급하는 대리점 사장, 원부자재를 공급해 주는 협력업체 사장, 그리고 우리 직원들이다. 이들 세 그룹의 고충만이라도 헤아려서 조금씩이라도 덜어 줄 수 있는 방법을 찾아보았다.

'대리점에는 갑질을 하지 않아야겠다.'

'협력업체에는 납품 대금을 제날짜에 지불해 주는 게 좋겠다.'

'직원들의 급여는 날짜를 어기는 일이 없도록 하겠다.'라는 방침을 세웠다.

하지만 초기에는 재력도 능력도 달리는 처지어서 사실 그런 결심을 지키는 게 쉽지 않았다. 모두가 돈이 연관되는 사안이었다. 하지만 실천에 옮겼다. 기존의 고정관념을 깨지 않고서는 그들과 접근할 방법이 없었기 때문이다. 을을 돕는 것이 곧 나를 돕는 지름길이기에…. 갑과 을은 주종관계가 아니라 상생 관계라는 믿음을 대리점 사장, 협력업체 사장, 그리고 우리 직원들에게 심어주기 위해서 어려운 이 길을 택했다.

당시의 사회상은 '빈익빈 부익부'였다. 금리가 연 20%를 오르내릴 때라 갑에게 유리한 사회였다. 한 달만 납품 대금이나 급여를 늦추어도 갑으로서는 기회가 되었다. 반면에 을에게는 고통스러운 나날이 되었기에 나의 작은 배려가 큰 호응을 얻을 수 있었다.

에어로졸 제조업은 기술 집약형 사업이다. 다품종 소량 생산을 할 수밖에 없는 내 입장에서 난감했지만, 반면에 자금력 있는 사업가들이 거들떠보지 않는 점이 나에게는 오히려 다행이었다.

4~5년을 봉사하는 마음으로 약자들과 어울려서 틈새시장을 찾아다녔다. 차츰 을과의 관계가 두터워지면서 그들이 내 편에 서기 시작했다. 그들의 활동 영역은 뜻밖에도 넓었다. 그들이 우리 회사의 영업사원 노릇을 자처하면서 구석구석을 누벼 주었다.

거기에서 나는 힘을 얻었다. 반면에 우리 회사는 거래처의 자질구레한 기술적인 문제들을 해결하는 데 열성을 보였다. 그리고 소비자들이 원하는 제품을 개발해 주거나, 대체할 수 있는 제품을 찾아주는데 정성을 쏟았다. 그런 일은 오랜 친구이며 에어로졸 전문가인 일본 FCJ(주) 시키시마 히로야쓰 사장의 도움으로 가능했다.

또 서로 견제하고 적대시 해오던 을과 을 간의 마찰도 우리 회사가 가교역할을 해서 좋은 결과를 얻을 수 있도록 했다. 판매망을 넓히기 위해 장래성이 있어 보이는 영세 자영업자에게는 담보 없이 우리 제품을 공급해 주기도 했다. 후발주자이기에 어쩔 수 없는 선택이었지만 이러한 영업방침이 결국에는 나비효과를 일으켰다.

35주년 창립기념일에 나는 2선으로 물러나면서 기념으로 좌승희 박사를 모시고 1시간의 명강의를 들었다. 그 무렵이 4차 산업혁명이 일어날 것이라는 새로운 기운이 충천할 때였다. 매우 중요한 시기였기에 좌승희 박사(전 KDI 원장)에게 청을 넣어 강사로 모셨다. 그분에게 〈이웃이 흥해야 나도 흥한다〉라는 주제의 강의를 부탁해서, 대리점과 협력업체 그리고 임직원들을 모두 초청하여 강의를 함께 들었다. "사촌이 논을 사면 배가 아프다."라는 속담을 뒤집었다. "이웃이 흥해야 나도 흥한다."로 입을 모았다. 부정적인 사고를 긍정적으로 바꿔놓을 수 있었던 좋은 캠페인이었다.

우리 회사는 올해로 마흔 살의 장년이 되었다. 초기에는 얼마나 지탱할 수 있을까 염려했는데 다행히도 장수기업이라는 타이틀까지 거머쥐었다.

"무식하면 용감하다."라는 말이 맞는 것 같다. 경영을 잘 모르면서 소신(所信)만으로 헤쳐 나온 내가 여기까지 올 수 있게 길잡이가 되어주고, 어려운 고비마다 반면교사가 되어주신 선배 세 분에게 감사드린다. 그분들은 나의 참스승이었다. 이제는 뵐 수가 없지만 늘 감사하는 마음으로 기억하고 있다.

기업의 숲

회사를 창업한 지 어느덧 20년이 넘었다. 통계에 따르면 30년 이상 생존하는 기업은 장수기업으로 분류되었다.

화공분야 제조업은 경쟁이 치열하고 규제도 심하다. 값싼 제품만으로 경쟁하던 시대는 지났다. 품질, 기술, A/S까지 경쟁해야 하는 세상이 되었다. 더구나 앞으로는 세계시장을 상대로 경쟁의 폭이 넓어졌으니 살얼음판을 걷는 심정이다.

우리 회사는 본사와 23개 판매 대리점이 한 몸이 되어 움직이는 체제이다. 본사와 대리점, 대리점과 대리점 사이에 갈등이 생길 때가 있다. 그럴 때 바람을 막아주는 방풍림 같은 숲이 하나 있었으면 좋겠다고 생각했다.

내가 태어난 의성 사촌마을에는 서북쪽으로 길게 뻗은 방풍림이 있다. 닭이 알을 품듯 동네를 포근하게 감싸 안고 600년이라는 세월을 묵묵히 마을을 지켜 온 숲이다. 때로는 마을의 수호신이 되기도 하고, 더러는 아늑한 울타리가 되어주기도 하면서 주민들과 희로애락을 함께 해온 가족 같은 숲이다.

기업 간에도 이러한 숲이 있어서 완충 역할은 물론 친목의 장으로 활용될 수 있으면 좋지 않을까 하는 욕심을 가져 보았다. 하지만 여건이 되지 못해서 늘 마음만 앞서곤 했다.

우선 장수기업이 되고 싶었다. 그러기 위해서는 기업이 건강해야 한다. 건강한 기업으로 성장하려면 본사만의 노력으로는 어렵다. "멀리 가려면 함께 가라."는 속담처럼 대리점들과 뜻을 모아 함께 가는 것이 효율적일 것으로 생각했다.

대리점과 뜻을 모으기도 쉬운 일이 아니다. 각자 나름대로 이해관계가 앞서기 때문이다. 무엇부터 손을 대어야 좋을지 여러 방면으로 고심해 보았다. 다행히 우리 회사는 20여 년 쌓아온 현장 경험이 있기에 그 가운데서 몇 가지 추려서 미흡하고 부족한 점을 개선해 보기로 했다.

'대리점에 갑질을 하지 않아야 하겠다.'

갑질은 상대방의 자존심을 상하게 하기 쉽다. 대리점 사장들도 대부분 나와 비슷한 연령대이다. 그들이 현실의 벽을 넘지 못해서 울며 겨자 먹기로 본사의 일방통행을 수긍하며 따라왔을 것이다.

가까운 듯하면서도 멀기만 한 것이 본사와 대리점과의 관계이다. 그 원인은 주종(主從)관계의 프레임 때문이었다. 가능하면 이런 폐단을 없애고 상호 협력하는 대등한 관계로 발전시키는 것이 급선무라고 생각했다.

'자주 만날 수 있는 분위기를 조성하자.'

해마다 시무식이나 창립기념일이면 1박 2일의 워크숍 프로그램을 운영해 왔다. 밤새도록 토론하며 본사와 대리점, 대리점 상호 간에 눈에 보이지 않는 장벽을 걷어치우고 친목을 다지는 마당을 가졌다. 격의 없이 마주 앉아서 얽히고설킨 타래실을 풀 수 있도록 기회를 만들었다.

반응이 좋기에 그 연장선으로 등산모임과 골프 모임도 연례 행사로 추가했다. 포상제도와 징계제도도 도입해서 대리점의 사기를 돋우었다. 본사 입장에서는 부담이 컸으나 인간관계를 돈독히 하기 위해서는 장려할만했다.

'박리다매 전략으로 시장을 넓히자.'

판매실적만으로 대리점을 단순 평가하고, 어음장 거래로만 결제하던 거래방식을 바꾸어보기로 했다. 과감하게 현금거래를 장려해 보았다. 현금거래일 경우 일정 비율의 할인 제도를 도입해서 대리점에 유리하게끔 마진율을 높여 주었다.

결과는 피차에 얻는 것이 더 많았다. 무엇보다 판매실적이 늘었고 어음장 거래에서 빈번하던 부도 사건이 현저하게 줄었다.

따라서 대리점과는 마찰이 줄어들고 모든 거래행위가 부드러워졌다.

'대리점과 동반 성장을 꾀하자.'

대리점의 활동이 곧 회사의 영업실적이다. 그들이 가지고 있는 실전경험과 기술력을 판매실적에 버금가도록 평가해 주었더니, 동고동락하겠다는 대리점이 늘어났다.

대리점이 자주 바뀌면 시장 확보나 기술 축적이 안정적으로 유지될 수 없다. 고객층을 두껍게 만들고 오래도록 유지하는 것이 곧 회사의 수익성을 높이는 지름길이며 동시에 동반 성장의 기회가 될 수 있기 때문이다. 결과적으로는 능력 있는 대리점이 늘어남으로써 업무효율이 향상되고 관리비용도 절감되었다.

경영방침을 위 4가지에 비중을 두었더니 인간관계는 물론 신뢰 관계가 눈에 보이게 우호적이었고 공동체 의식이 현격히 되살아났다. 기업은 이윤추구가 우선이다. 하지만 눈에 보이는 작은 이해보다는 서서히 상호 신뢰를 쌓아가는 것이 낙수효과를 거둘 수 있는 지름길이었다.

본사와 대리점은 엄격한 의미에서는 각기 한 그루의 나무일 뿐이다. 홀로 선 나무는 힘이 약하다. 그러나 어깨동무하고 한곳으로 뜻을 모으면 거센 풍파에도 쓰러질 염려가 없다.

산림전문가들에 의하면 "숲은 주변의 생물들과 자연을 공유하며 의좋게 살아가는 법칙이 있다."라고 한다. 키 큰 나무들이 자기만 뻗어나겠다고 욕심을 부리지 않고 햇빛의 통로를 열어서 하층 생물들에게도 햇볕을 골고루 나누어 주는 그러한 덕목을 가졌다는 것이다. 더불어 살아가는 방법으로 이러한 덕목을 우리도 일상생활이나 기업경영에 접목하면 빛이 나지 않을까 싶다.

중소기업은 조직의 힘보다는 조직원의 상호협력 의지와 의욕적인 업무 자세가 더 절실하게 요구되고 있다. '기업의 숲'이 필요하다는 걸 새삼 느끼게 하는 대목이다. 장수기업의 꿈을 이루기 위해 '기업의 숲'을 만들어 가는 게 현명하리라 본다.

브랜드 효과

73년 10월경이다. 말레이시아에 출장 갈 기회가 생겼다. D그룹이 말레이시아에서 M-LNG 프로젝트를 건설하고 있을 때다. 내가 다니던 '쿨민'회사에서 그 프로젝트에 소요되는 모든 배관 자재의 화학 세척과 푸럿싱(flushing) 공사를 도급했었다.

공사를 앞두고 준비사항을 최종 점검하기 위해 그 현장에 파견되었다. 2개월여 그곳에 머무는 동안, 주말이면 인근 페낭시와 그 주변 마을을 돌아보며 지역 주민들의 생활상을 살펴볼 기회가 있었다.

첫눈에도 그곳 주민들은 복 받은 사람들 같았다. 열대지방이어서 우선 의식주에 신경 쓸 일이 없어 보였다. 계절변화가 심하지 않으니 옷 걱정은 하지 않아도 되었다. 산과 들에 나가면 야생 바나나를 비롯한 먹거리가 흔했다. 주거 문제도 그저 비, 바람을 피할 수 있으면 충분할 것 같았다.

서민들의 생활환경으로는 그보다 좋은 조건이 어디 있겠는가? 그들에 비하면 우리나라는 4계절이 뚜렷해서 기초생활비나 유지비가 너무 부담스럽다는 생각이 들었다. 우리와 단순 비교지만 그들이 무척 부럽게 느껴졌다.

귀국길에는 수도 쿠알라룸푸르를 거쳐 태국 방콕, 싱가폴, 인도네시아 빈탄, 필리핀 마닐라에 잠깐씩 들러 눈요기할 기회가 있었다. 수박 겉핥기식 여행이긴 했어도 그 당시로는 동남아 여러 나라를 한꺼번에 둘러볼 수 있었기에 기억에 남는 유익한 여정이었다.

그때, 내가 느낀 남쪽 나라는 한마디로 '부러움'의 덩어리였다. 언젠가 내가 회사를 만든다면 상호를 '남방(南邦)'으로 하고 싶을 정도로 매력적이었다. 천혜의 낙원이라는 대명사가 나를 그렇게 옭아매었다.

그때부터 내 머릿속에는 틈만 나면 새로 생겨날 내 회사를 구상해 보느라고 분주했었다. 먼저 상호를 'Nambang Chemicals Co. Ltd.'로 정했다. 그리고 그에 어울릴 만한 브랜드도 만들어 보았다. 제조회사는 생산할 제품에 붙일 자가브랜드가 필요하기 때문이다.

회사 대부분이 영문 상호에서 머리글자를 한자씩 따서 KT,

KAL, KBS, FCJ 등과 같이 로고나 브랜드를 만들어 사용했다. 나도 그렇게 만들어 보았더니 NBC가 되었다. NBC는 어딘지 몰라도 내가 구상하는 회사에는 어울리지 않을 듯하고 또 유사한 회사들이 많이 나올 것 같아서 마음에 들지 않았다.

다시 두 글자씩으로 조합을 해보았더니 'NABACHEM(나바켐)'이 되어서 만족스러웠다. 하지만 지나치게 노골적인 표현이어서 누구라도 금방 화학회사라고 알아차릴 것 같았다. 그래서 약간의 감칠맛을 더해보고 싶었다. NABACHEM에서 CH를 K로 바꾸어보았더니 'NABAKEM'이라는 세련되고 멋진 작품이 나왔다.

'NABAKEM'은 발음도 마음에 들었고 표기도 쉽고 약간의 신비감까지 풍기기 때문에 더욱 매력이 있었다. 수개월을 엎치락뒤치락하여 회사의 브랜드도 완성했었다. 하지만 그때까지도 회사 설립은 언제가 될지 기약이 없었다.

그러나 "꿈은 반드시 이루어진다."라는 말을 믿었다. 나는 1980년에 근무하던 회사를 사직했다. 우연인지 필연인지는 모르겠으나 준비해 두었던 '남방'이라는 이름을 붙여서 '남방화공상사'라는 조그마한 회사를 만들게 되었다. 에어로졸 제품을 제조하는 전문 회사로 출발했다.

그리고 첫 제품에다 내가 만든 'NABAKEM'이라는 브랜드를 붙였다. 'NABAKEM'이라는 새로운 브랜드가 이 세상에 태어난 것이다. 브랜드의 역할은 여러모로 매우 의미 있고 중요하다. 가장 먼저 떠오르는 게 회사의 얼굴이다. 다음은 '우리 제품은 믿을 수 있는 제품입니다.'라는 자신감을 보여주는 시그널이고, '제품에 대한 책임을 철저하게 지겠습니다.'라는 선서이기도 한 것이다. 국산품이라면 멸시받던 그런 시절이었지만 나는 떳떳하게 'NABAKEM'을 앞세우고 자신 있게 첫발을 내디뎠다.

그 당시에는 산업용 에어로졸 제품이 대부분 수입되고 있었다. 수입절차도 번거롭고 수송용 선박도 구하기 어려울 때가 많아 소비자들이 이중 삼중으로 고통을 겪고 있었다. A/S나 딜리버리가 원활치 못해서 작업에 차질을 빚을 때도 비일비재하였다. 그런 취약점을 잘 알고 있었기에 우리 회사는 경영방침으로 납기를 어기지 않고 A/S에도 성실하게 정성을 쏟아붓기로 했다.

또 'NABAKEM'의 인지도를 높이기 위해 PR도 신경을 많이 썼다. 국내는 물론 해외시장에까지 상표등록을 서둘렀다. 시장 규모가 큰 중국과 인도에 가장 먼저 'NABAKEM' 상표를 등록했다. 그리고 한국무역협회와 한국무역진흥공사(KOTRA)에서 발간되는 잡지를 이용하여 외국 바이어들에게 꾸준하게 'NABAKEM'을 알려왔다.

소비자의 인지도가 커가면서 새로운 자신감도 얻었다. 품질, 가격, A/S, 딜리버리 등 모든 면에서 수입 상사들이 놓치고 있는 부분을 찾아서 우리가 신속하고 저렴하게 보완해 주거나 해결해

주었다.

돌이켜보면 후발주자인 우리가 '국산 브랜드'를 앞세워서 여기까지 끌어올릴 수 있었던 것은 기적에 가까운 일이었다. 외세에 짓눌려서 기를 펴지 못하던 시절이었음에도 'NABAKEM'은 자리를 잡아 나갔다. 그러한 힘은 어디까지나 자가 브랜드를 가지고 꿋꿋하게 밀어붙인 '자중자애 정신'이 크게 작용했던 것 같다. 그 외에도 숱한 역차별의 고비가 있었지만, 브랜드를 앞세워서 '자신감'을 보여준 것이 주효했던 것 같았다.

이제는 'NABAKEM'이라는 우리 브랜드가 국내·외에 널리 알려진 메이저 브랜드로 부상(浮上)했다. 소비자들이 창업주는 누구인지 몰라도 'NABAKEM'이라는 브랜드만은 믿고 사랑하고 있다.

장수기업의 꿈

기업이 백 년 이백 년을 지속하기란 쉽지 않다. 신기술에 밀리거나, 급변하는 환경에 대응치 못하면 도산하는 것도 순식간의 일이기 때문이다. 우리나라는 아직 신생국 대열에 속하니 장수기업을 논하는 것이 이르다는 생각이 든다. 하지만 준비는 빠를수록 좋을듯하다.

이웃 일본과 독일은 2차 대전의 패전국인데도 거뜬히 다시 일어섰다. 그 밑바닥에는 100년이 넘는 장수기업들이 있었기 때문이라 한다. 최근에 발표된 일간지 기사에 따르면 일본에는 33,000개가 넘으며, 독일에는 그런 기업들이 5,000개가 있다고 한다. 하지만 우리나라는 겨우 7개이다. 예로서 500톤이 넘는 비행기를 받치고 있는 랜딩기어(착륙장치)를 만들 수 있는 건 대기업인 철강회사가 아니라 담금질 기술을 가진 오래된 중소기업이라는 사실이다.

우리나라는 6~70년대에 "잘살아 보세."라는 새마을 운동을 시작으로 공업 입국의 꿈을 키워왔다. 오늘날 그들이 앞장서서 이루어 놓은 공산품을 수출하여, 세계 10위권의 경제 대국이 되었다. 그 밑바닥에는 역시 중소 제조 기업들이 있었기에 가능했다.

60년 전, 우리나라의 에어로졸 제조업 분야는 어떠했는가? 그때는 '에어로졸 제품'이라는 것이 우리에게 낯설 때였다. 공업 입국을 향한 망치 소리가 곳곳에서 요란할 때, 중화학 공장 건설 현장에는 소모자재로 '에어로졸 제품'들이 예상외로 많이 쓰였다. 주로 세척, 윤활, 방청용으로 사용되는 소모품들이었고, 생산 라인에 필수인 이형제, 코팅제, 비파괴검사제 등도 수요가 적지 않았다.

하지만 이것들이 대부분 외국에서 들여와 사용되고 있었다. 당시 우리의 소득수준으로는 수입이 어울리지 않았다. 기계설비에 따라 들여왔고, 파견 나와 있는 외국 기술자들의 구매요청으로 부득이 수입할 수밖에 없었던 것들이다. 국내 시장은 그런 식으로 외국 상사들에게 개방되어 갔다.

그러나 우리의 현실은 시장성이나 기술력의 부족으로 국산화를 염두에 두지 못하고 지냈다. '국산화'가 절실할 때였다. 국산화를 하여야 적정한 가격으로, 필요한 시기에, 만족스러운 제품을 공급받을 수 있을 터인데….

　그러나 날이 갈수록 시중에는 외국(수입) 상사들의 독주(獨走)에 이끌려, 비싼 수입 제품들이 판을 치게 되었고, 따라서 유통구조도 그들의 손에 의해 좌지우지되는 실정이었다. 갑의 횡포로 중간 상인이나 소비자들은 재고 부담, 물류 부담에 시달리면서도 속수무책이었다. 게다가 일부 품목은 A/S도 제대로 받을 수 없었다. 이런 불합리한 시장구조였지만 개선될 기미는 좀체 보이지 않았다. 대책 없이 수입에 의지해왔던 게 저개발국의 현실이었다.

　오래전부터 나는 이 분야의 제조업을 해 보고 싶었다. 내세울 만한 장점은 없었다. 하지만 앞에서 지적한 시장의 각종 부조리만은 바로 잡을 수 있겠다는 자신감이 생겼다. 물론 검증되지는 않았으나 그런 것을 바탕으로 하여 차근차근 욕심내지 않고 우공이산(愚公移山)의 길을 간다면 국산화에 승산이 있을 것 같았다.

　마침 1980년, 대망의 88서울올림픽을 유치했다. 무에서 유를 만들어내야 할 만큼 어마어마한 큰 변화가 예상되었다. 좋은 기회이기에 나도 그동안 꿈으로만 간직했던 에어로졸 제조업에 뛰어들었다. 이런 날을 위해 나는 'NABAKEM'이라는 에어로졸 제품에 사용할 수 있는 고유 브랜드도 일찌감치 만들어 두었었다. 수입 제품과의 경쟁을 위해서는 고유 브랜드가 필요했기 때문이다.

판매 대리점에는 용기와 희망을 가질 수 있도록 동반 성장의 기회를 만들어나갔다. 약자들이 대책 없이 시달려야만 했던 물류시스템의 불합리한 점도 JIT작전(토요타 자동차가 시행한 즉시 공급 시스템)을 도입해서 개선하였다. A/S는 본사에서 직접 맡아 처리하는 방식으로 운영 기반을 구축해서 그들을 도왔다.

시장을 선점하고 있는 선진국 기업들의 매스 마케팅에 맞설 수는 없기에 나는 대리점들과 틈새시장과 블루오션 쪽으로 한 발짝 물러나서 시장을 개척해나갔다. 올림픽 수요라는 대형 프로젝트가 가지고 온 파급효과는 군소 제조업체에 좋은 기회를 가져다주었다. 그 덕택에 낙후되었던 군소 제조업체들도 활기를 찾고 희망을 되살렸다.

자원이 부족한 우리로서는 저렴한 인건비로 공산품을 만들어 수출하는 길만이 살길이었다. 따라서 제조업의 성패에 국운을 맡길 수밖에 없는 환경이었다. 이웃 나라처럼 수천수만 개의 중소 제조 기업이 나와 주기를 기대하는 이유가 여기에 있었다.

이제 우리 세대의 기업들은 가업승계를 해야 할 단계에 와있다. 가업승계를 자연스럽게 할 수만 있다면 우리나라도 금방 기술 선진국이 될 수 있으리라 믿는다. 수십 년간 키워 온 브랜드를 살리고, 각 분야에서 갈고 닦은 중소기업의 우수한 기술 자산을 2대, 3대의 가업으로 부담 없이 대물림하도록 길을 열어준다면 좋은 변혁의 기회가 될 수 있을 것이다.

지금은 장수기업으로 가는 길목에 부담스러운 조건들이 많다. 각종 세제와 규제들이 걸림돌이다. 가업상속에 성공한 다른 나라들을 벤치마킹하여 걸림돌이 될 수 있는 제도나 규제를 우리에게 맞게 운용하거나 풀어놓는다면 예상외로 공업화라는 난제가 쉽게 해결될 수도 있을 것으로 본다.

　장수기업의 꿈이 곧 산업화의 지름길이라 믿는다. 규제로 인해 우수한 기술력이 사장(死藏)되는 일이 없기를 바란다.

서울 사람으로 거듭나다

1966년 직장(HAR)을 따라 울산으로 내려왔다. 산업화의 물결을 타고 울산사람이 되었다. 당시 울산지역은 공업화의 열기가 어느 도시보다 뜨거웠다. 또래의 젊은이들이 전국각지에서 모여들었다.

1969년 봄, 서른한 살의 노총각이 장가를 들었다. 동사무소에 혼인신고를 하러 갔다.

"호적을 어디로 하시겠어요?"

"호적을 어디로 하다니요? 그게 무슨 뜻입니까?"

"혼인신고 때 편리한 곳으로 호적지를 바꿀 수 있게 되었습니다."라는 설명이다.

아내와 상의해 보았다. 울산시로 옮기는 것도 나쁘지 않겠다는 결론을 내렸다. 무엇보다 편리성 때문이다. 그 당시만 해도 교통편이 열악하고 행정업무가 전산화되지 않았을 때라 서류 한 가지 떼려면 고향까지 먼 길을 다녀와야 했다. 시간과 비용이 생각 외로 부담되던 때이다. 우편을 이용해도 10여 일 이상 소요되기 때문에 급한 일이 생기면 낭패스러울 때가 많았다.

다음날 호적을 울산으로 바꾸었다. 공부상에 「경상남도, 울산시 복산동 000번지」로 등재하였다. 경북 의성사람이 졸지에 경남 울산사람으로 탈바꿈하고 보니 허전하고 불안했다.

하지만 HAR에서 일생을 바칠 각오였기에 후회는 없었다. 입사 조건에 1년간 일본 쇼와덴코에서 알루미늄 제련기술을 연수하고 4년간 근속해야 하는 조건이었다. 그 후에는 본인의 의사에 따르기로 되어있었다. 입사 동기 50명 중에는 다시 서울로 돌아가고 싶어 하는 사람도 더러 있었다.

하지만 나는 생각이 달랐다. 어디서든 자기 하기 나름일 테니까, HAR에 뼈를 묻을 각오로 열심히 해서 공장장이라도 한자리 해야지…. 그런 꿈심을 가지고 울산사람이 되었다.

5년이 길 것 같았으나 생각 외로 세월은 빨랐다. 공장을 착공해서 시제품을 생산하는 데까지 3년이 걸렸다. 벌써 향후 거취를 고민해야 할 때가 다가왔다. 하지만 나는 초지일관키로 마음을 다잡고 있었다.

"서울로 직장을 옮겨보지 않겠소?" 어느 날 방계회사의 N 공장장으로부터 뜬금없는 제안을 받았다. 한일 합작회사이고, 화학 세척제 전문 제조사이며, 서울에 공장이 있고, 공장장의 직책을 맡긴다는 조건이었다.

솔깃했다. 당시에 나는 첫아들을 낳아 일 년 남짓 지났을 무렵이다. 자식의 장래를 위해 서울로 가고 싶었다. 그러나 신설 공장이라는 것이 부담스러웠다. 모르긴 해도 중소기업의 제조공장이라면 복잡한 일이 많고, 머리 아프고 고달픈 일들이 많을 것이기에….

10여 일간 여러모로 저울질해 보았다. 어디에 가든 미지의 세계이기는 마찬가지니까. 그렇다면 운명에 맡기자. 나는 대기업을 택하기로 마음을 다졌다. 중소기업보다는 장래성이 낫지 않을까 싶었다. 거절 의사를 전하려고 N공장장을 만나러 갔다.

"어서 오시게, 그러잖아도 부르려는 참이었네." 그는 나의 거절 의사를 듣고 많이 아쉬워하는 눈치였다. 겸해서 엊그제 재차 서울에서 간곡한 부탁이 왔기에 알려주려고 기다렸다는 것이다.

"사실은…, 한국 측 오너가 K 사장일세. 자네가 수락해주기를 바라고 있다네." 하면서 그제야 사실을 털어놓았다. K 사장이라면 HAR에서 총무이사로 계시던 분이다. 직속 상사는 아니었어도 그분은 내가 거절할 수 없는 처지였다.

나는 해외연수를 가고 싶어 HAR에 입사원서를 냈다. 남들은 돈을 들여서 유학도 가는 판인데, 일본어를 배울 수 있다는 절호의 기회를 놓치고 싶지 않았기 때문이다. 당시 군사정부는 결격 사유가 있는 자는 해외 진출을 허락하지 않았다.

특히 조총련이 득실거리는 일본 쪽은 더 까다로웠다. 나는 집시법 위반 사건에 연루된 사실이 있어서 1차 심사에서 불합격을 받았다. 그때 K 사장이 나의 간절함을 듣고, 군 장성급의 신원보증을 세우고 연수를 갈 수 있도록 도와주신 분이다.

지금은 처지가 바뀐 셈이다. K 사장이 내 손을 빌리고자 한다니…. 예의상으로나 옛일을 생각해서나 그분의 요구라면 내가 거절할 수 없었다.

마침 1971년 6월 말이면 5년 임기도 종료되어 자유로운 몸이 된다. 의리를 택하느냐 실리를 찾느냐 하는 갈림길에서 나는 의리를 택하기로 했다. 당초에 작심했던 HAR에 대한 꿈을 접고, 울산사람이 되려던 결심도 포기했다. 그리고 미련 없이 울산을 떠났다.

다시 서울에 올라왔다. 신설회사이기에 예상대로 머리 아픈 일이 많았다. 책임감 때문에 같은 일이지만 심신은 두 배 세 배로 고달팠다. 대기업의 조직문화는 비교적 여유가 있고 의논 상대가 있어 수월한 편이다. 그에 비해 이곳은 고군분투해야 하는 어깨가 무거운 자리였다.

그러나 새로운 분야이기에 의욕적으로 해보고 싶었다. 대기업의 한정된 업무에 비하면 재미도 있을 것 같고 보람도 클 것 같왔다. 어렵고 힘들 때는 낮은 곳을 내려다보았다. 삶에는 더하고 빼는 산술과 마찬가지로 함수가 많다. 어렵고 힘든 만큼 얻는 것도 있게 마련이다. 자식들을 서울에서 키울 수 있다는 것만으로 나는 충분한 보상이라 생각했다.

서울에 온 것은 현명한 선택이었다. 같은 봉급생활자이지만 사장의 최측근에서 쉽게 접근할 수 없는 '사업'이라는 차원의 경영수업을 착실하게 할 수 있었다. 일본 합작선에 드나들면서 선진 기업 문화를 체험할 기회도 많이 가질 수 있었다. 책임과 의무, 성공과 실패를 직접 체험하면서 자기 계발(啓發)의 기회도 많이 얻었다. 내 노력으로 가파른 언덕길도 넘어 보았고, 어둡고 긴 터널도 빠져나와 보았다.

그런 데서 자신감도 키우게 되었다. '힘은 들었어도 대기업에 안주하지 않기를 잘했다.'라는 생각을 하면서 지나온 세월이 어느새 20년이 넘었다.

"큰물에서 큰 물고기가 난다."라는 코이의 법칙을 염두에 두고, 키가 나보다 훨씬 더 커버린 대학생 자식들을 바라보노라면 흐뭇했다. 서울 사람으로 거듭나게 된 것에 감사한다.

사람답게 살고 싶다

"원수는 물에 새기고 은혜는 돌에 새겨라."

– 미상

제4부

자녀교육에 왕도가 있을까

감수성이 많은 어릴 적의 교육이

일생을 좌우하는 바탕이 될 터이니

일찍부터 직접 경험케 하고

그에 따른 책임도 스스로 느끼도록 하는 것이

장래를 위한 참된 교육 방식이 아닐까 한다.

우리 할아버지

1945년 해방을 맞던 해의 일이다. 아버지가 일본 나가사키에서 사업을 하셨다. 일본이 곧 패망할 것이라는 소문에 재일조선인들이 귀국을 서둘렀다. 다른 친지들은 그해 7월경 대부분 귀국했다. 아버지는 먼저 귀국하는 인편에 할아버지께 전갈을 보내왔다.

"회사 일을 마무리해 놓고 곧 뒤따라갈 테니 걱정하지 마세요."

그런데 8월 9일, 나가사키에는 원자폭탄이 떨어졌다. 할아버지는 졸지에 아들을 잃었고, 나는 일곱 살에 아버지를 여의었다. 나는 그만 '아비 없는 자식'이 되고 말았다.

초등학교 4학년 어느 날이다. 학교가 일찍 파하는 날이면 나는 앞집 친구와 뒷산으로 땔감을 구하러 가곤 했다. 늦가을이라 이곳저곳을 헤매고 다녀도 가랑잎만 흩날릴 뿐 그럴싸한 땔감은 눈에 띄지 않았다.

그때, 저만큼 언덕바지에 참나무 무더기가 보였다. "얼씨구나!" 하고 낫을 들고 달려들었다. 거기에 땅벌 집이 있을 줄은 짐작조차 하지 못했다. 겨울 채비를 하던 땅벌들이 내 습격에 놀라 모두 쏟아져 나와 나를 인정사정없이 공격했다.

나는 거의 빈사 상태로 집에 돌아왔다. 통통 부은 내 얼굴을 본 어머니는 장독대로 뛰어가 된장을 한 바가지 퍼와서 머리에 발라 주었다. 어머니의 된장 치료 덕분에 간신히 죽음의 문턱에서 되살아났다. 위험의 고비를 넘긴 나에게 할아버지는 "네 아비가 돌봐 준 모양이다."라며 위로해주셨다.

다음 해에는 6·25전쟁이 터졌다. 의성 우리 마을에는 노약자만 남고 모두 피난을 떠났다. 300여 호가 넘는 큰 마을이 적막강산이 되었다. 밤에는 인민군이 산에서 내려와 아이들을 모아놓고 적가(赤歌)를 가르치며, 비행기 공습에 대피하는 요령을 알려주었다. 전선은 밀리고 밀려 삽시간에 경주 안강까지 내려갔다.

그 무렵 대추가 한창 익어서 먹음직했다. 외할머니댁으로 가는 길목 개울가에는 대추나무가 수십 그루 줄을 서 있었다. 탐스럽게 익은 대추가 먹고 싶어 여동생을 데리고 대추 따러 갔다.

동네 형들에게서 배운 대로 바짓자락 아래쪽을 새끼줄로 묶고 대추나무에 올라갔다. 바지춤을 느슨하게 늦춘 후에 나뭇가지를 휘어잡고 대추를 훑어 넣었다. 동생은 밑에서 오빠를 응원하면서 떨어진 대추를 줍느라 신바람이 나 있었다.

그때, 동쪽 하늘에서 쌕쌕이(전투기의 별명) 날아오는 소리가 들렸다. 어디로 가는 비행기인지 동태를 살피는 중인데 쌕쌕이는 나를 발견하고 인민군으로 오인했는지 느닷없이 기관총 세례를 퍼붓기 시작했다. 후다닥 줄 타듯이 나무에서 내려왔다.

인민군 아저씨가 가르쳐준 대로 비행기가 날아오는 쪽 담벼락 밑으로 뛰어가 엎드려야 살 수 있다. 하지만 여동생이 겁에 질려 꼼짝도 하지 않았다. 엉겁결에 동생을 덮쳐 누르고 그 자리에 엎드렸다. 귓가에 총알 떨어지는 소리가 '폭! 폭!'하며 들렸다. 그 자리에는 흙먼지가 파도치듯 폭삭폭삭 일었다. 온몸이 굳어서 나도 꼼짝할 수 없었다. 사격이 끝나고 정신을 차려보니 주위에는 엄지손가락보다 굵은 기관총 탄피가 수두룩 흩어져 있었다.

그런데 나와 동생은 아무 탈이 없었다. 한 방이라도 총알을 맞았다면 어떻게 되었을까? 나중에 그 이야기를 들은 할아버지는 내 머리를 쓰다듬으며 또 같은 말씀을 하셨다. "네 아비가 보살핀 모양이다." 나는 할아버지의 그 말씀을 부적(符籍)처럼 지니고 살았다.

성인이 된 후에도 생사의 갈림길을 넘나들었던 끔찍한 사건이 여러 번 있었다. 맞은편에서 달려오던 오토바이가 무엇에 튕겨서 내 승용차를 덮친 일이 있었으나 다친 곳은 없었다. 여행지에서 실족 사고로 어깻죽지를 심하게 다치기도 했고, 골프를 치다가 오른쪽 정강이에 근육파열이 일어나 몇 달간 고생했으며, 구안와사 때문에 입이 돌아갔던 끔찍한 일도 있었다. 크고 작은 수난을 여러 차례 겪었지만 모두 별 탈 없이 치료받고 기적처럼 낳았다. 돌이켜 보니 그런 사건들이 모두 다 아버지의 보살핌 덕분에 무사했던 것 같다

마흔이 넘어 에어로졸 제조업을 시작했다. 인화물질과 고압가스를 다루는 위험성이 큰 업종이었다. 오래도록 꿈꿔 오던 사업이기에 대담하게 도전했다. 다행히 사업은 순조로웠지만, 사소한 사건·사고가 수시로 일어나서 화재나 인사 사고에 대한 불안이 나를 괴롭혔다. 그러나 40년이 가깝도록 큰 사고나 사건은 없었다. 이런 것이 모두 할아버지 말씀대로 아버지의 보살핌이 아니었을까 싶다.

회사의 사업 규모가 커지면서 따라서 위험부담도 늘어났다. 그래도 내 뜻한 대로 순항을 해서 이만큼 성장해왔다. 이러한 내 발자취를 두고 운이 좋았다거나 요행이었다고만 생각하기에 불가능한 일들이다. 한편, 80이 넘도록 마음먹은 일을 할 수 있었고 내 삶을 꾸려올 수 있었던 것이 내 노력만으로 가능했을까 하는 생각도 하지 않을 수 없다.

철없던 시절에 할아버지는 기회 있을 때마다 내 가슴에 아버지를 새겨 주셨다. 혹시라도 저놈이 '아비 없는 서러움'에 마음 상해하지나 않을까? 하며 노심초사하시던 우리 할아버지이셨다.

"네 아비의 보살핌일 거다."라는 그 말씀에는, 지금 생각해 봐도 나를 사랑하셨던 우리 할아버지의 지극정성이 담겨 있었던 것이 분명했다.

"할아버지!"

"우리 할아버지!"

정원을 가꾸면서

평택공장 뜰에 정원을 하나 만들었다. 자의 반 타의 반으로 만들어진 정원이다. 사업장을 부천에서 평택으로 이전할 때, 건축허가 상 식수를 의무적으로 하게 되었다.

부지와 건축면적에 따라 수종과 수량이 결정되었다. 처음에는 경제적인 부담이 커서 투덜거리며 나무를 심었다. 그렇게 심은 나무들이 어느새 탐스럽게 자라 지금은 직원들의 휴식 공간으로 유용하게 활용되고 있다.

공장 울타리는 보통 수지코팅이 된 펜스로 두른다. 나는 좀 욕심을 부렸다. 펜스에 곁들여서 개나리로 울타리를 만들었다. 샛노란 개나리꽃이 공장을 한층 더 돋보이게 꾸며 주리라 믿었다.

처음에는 묘목을 사서 심었다. 개나리도 한 뿌리에 1,500원을 호가했다. 200그루를 심었는데 겨우 30m 정도의 울타리가 만들어졌다. 묘목의 비용이 만만치 않아 그 뒤로는 해마다 꺾꽂이로 울타리를 만들어 갔다. 개나리는 꺾꽂이가 잘되는 식물이다.

처음 2~3년은 정원 손질을 전문가에게 맡겼다. 그러면서 어깨너머로 배운 것을 가지고 지금은 아마추어 정원사 행세를 하고 있다. 키가 큰 나무들은 오르내리는 게 위험해서 정원사에게 맡기지만, 키가 작은 나무들은 짬짬이 내 손으로 다듬는 게 일과처럼 되었다. 손질도 쉽지 않지만, 일거리도 만만찮다. 두세 시간 매달려 신경을 쓰고 나면 어깨와 허리가 쑤시게 마련이다.

또 갖추어야 할 도구나 장비도 전지가위를 비롯해, 전기톱, 일반 톱, 긴 손잡이 가위, 접이식 사다리, 작업용 토시 등 제법 많았다. 특히 전지가위는 서부극에 나오는 권총잡이들처럼 허리에 차는 가위집 혁대도 필요하다.

한 해 두 해 정성을 쏟다 보니 날이 갈수록 나무에 애착이 갔다. 이제는 출근하면 먼저 화단을 한 바퀴 돌아봐야 다른 업무가 손에 잡히는 그런 버릇도 생겼다. 정(情)이라는 게 사람들 사이에만 있는 게 아니었다. 나무를 가꾸어보니 사람 못지않게 정이 통하는 것을 어쩌랴. 예쁘고 튼튼하게 자라 주는 모습을 바라보면, 손녀들이 어릴 적에 옹알이하며 커가던 모습과 다를 바가 없었다.

5월 어느 날 점심시간이었다. 정원에는 철쭉, 작약, 영산홍, 백

일홍 등이 한가득 피어 있을 때다. 정문 쪽에서 젊은 여성 너덧 명이 안쪽을 기웃거리며 깔깔대고 있었다. 이웃 공장에서 일하는 외국인 근로자로 보였다. 체구가 왜소하고 가무스름했다. 우리 정원이 그들의 눈길을 사로잡은 모양이었다.

"왜, 무슨 일이세요?"

"사진 좀 찍으면 안 돼요?"

"어느 나라에서 왔어요?"

"베트남에서요"

우리말 발음이 정확한 것으로 보아 우리나라에 온 지 여러 해가 되어 보였다. 나는 쾌히 승낙했다. 그들은 목줄 풀린 강아지처럼 뛰어다니며 독사진도 찍고, 여럿이 어깨동무도 하고, 두세 명씩 짝짓기도 하면서, 환한 웃음꽃을 피웠다. 천진난만한 모습을 담으려고 애를 썼다. 그들의 웃음소리가 회사 마당을 가득 채웠다. 그래선지 봄기운이 한층 진하게 감돌았다.

한편으론 그들이 시간에 쫓기는 듯해서 안쓰럽다는 생각도 들었다. 그들의 모습에서 까맣게 잊어버렸던 지난날이 떠올랐다. 나도 20대 후반에 일본 나가노현 오오마치 시에서 알루미늄 제련기술을 배우기 위해 1년 가까이 체류한 적이 있었다. 일본 동북부의 기다 알프스라는 산간 지역에 쇼와덴코 알루미늄 제련공장이 있다.

그곳은 경관도 좋으려니와 10월부터 눈이 내리면 이듬해 4월까지 스키 시즌을 이루는 곳이다. 나도 휴일이면 스키를 배우려고 카메라를 메고 스키장을 뛰어다녔던 기억이 되살아났다. 지난날이 새삼스러워 그녀들에게 많은 추억거리를 안겨주고 싶어서 시간을 재촉하지 않았다.

"정원이 너무 좋아요." 그녀들은 나를 추켜 주는듯한 수인사도 잊지 않았다. "이 사진을 고국의 어머니에게 보낼 것입니다."라고도 덧붙였다.

정원사의 솜씨란 아름다움을 꾸미는 재주이다. 미용사가 균형 감각을 살려서 '미'를 만들어내듯이 정원사도 '미'를 만들 수 있는 기술을 갖추어야 한다. 가지치기도 생각보단 어렵다. 한쪽에서만 봐서는 안 된다. 사방에서 세심하게 살펴서 전후좌우를 조화롭게 다듬어야 모양이 살아난다.

그런 후에 가위질해도 "아차!" 하며 후회할 때가 많다. 공장에서 신제품을 만들어 낼 때와 흡사하다. 수많은 시행착오를 겹쳐야만 좋은 제품이 나오듯이….

철쭉은 웃자라면 보기 싫다. 키가 50㎝ 정도가 알맞고, 가지들이 서로 맞물고 꽉 짜여야 꽃도 아름답다. 어느 해 가을에 철쭉이 너무 웃자란듯해서 전기톱으로 밀어 30㎝ 정도로 나지막하게 잘라 놓았다. 이듬해 봄에 밑둥치에서 새 가지들이 돋아 나와서 더 아담한 꽃밭이 되리라 믿었다. 봄은 어김없이 찾아왔으나 새 가지가 미처 자라 나오지를 못해 그해는 철쭉꽃을 마음껏 즐기지 못했다. 미숙한 아마추어 정원사의 실수 때문이다.

또 한 번은 이른 봄에 한창 나무에 물이 오를 때였다. 출근길에 현관 앞의 키 작은 반송 나무가 눈에 조금 거슬렸다. 양복을 입은 채로 덤벼들어 가지를 몇 가닥 다듬었다. 잠깐 사이였는데 양복바지와 와이셔츠에 송진 칠을 하고 말았다. 송진은 세탁에도 지워지지 않아 집사람에게 핀잔을 크게 들은 적이 있다.

그렇지만 그런 건 금세 잊어버리고 만다. 머릿속에는 세상에서 가장 아름다운 정원을 만들고 싶은 욕심뿐이었기에…. 잭 웰치도 "웃자란 가지는 쳐주고, 잡초는 뽑아야 하며, 아름다운 꽃에는 비료를 줘야 한다."라고 했다.

누구라도 정을 붙이면 쉴 틈이 없어지는 모양이다. 또 그렇게 보살펴야 하는 게 정원사의 몫이다. 아름다운 정원 하나를 만드는 데도 이렇듯 노력이 따라야 하거늘, 일등 상품을 만들어내는 우리 직원들은 얼마나 힘이 들까….

납품실적증명서 유감(有感)

우리나라가 공업국으로 발돋움을 시작할 때이다. 경주 월성에서는 월성원자력발전소 건설이 한창이었다. 고리원자력발전소에 이어서 두 번째로 큰 프로젝트였다.

원자력 발전설비는 다른 것에 비해 엄격하게 안전성을 따지는 공사이다. 원재료는 물론 작업 과정에서 생길 수 있는 크랙이나 미세기공 같은 결함을 미리 찾아내어 교정하는 데 쓰이는 약품이 비파괴검사제이다. 그것을 우리 회사(한국쿨민)가 생산하고 있었다.

원자력발전의 원천기술은 대부분 미국, 프랑스, 캐나다 등 선진공업국이 가지고 있었다. 비파괴 검사용 약품도 그들의 기술기준(ASTM)에 따른 인증품이어야 사용할 수 있다. 산업안전과 기술시장을 보호한다는 명분으로 '납품실적증명서'와 '시험성적서'라는 것을 그들은 무기화(武器化)했었다.

따라서 신생 기업은 좋은 제품을 만들 수 있어도 이런 증빙서를 갖추지 못해서 시장진입이 막힐 때가 많았다. 그런가 하면 수입품은 유통과정이 원활치 못해서 수급에 차질을 빚을 때가 많았다. 그로 인해 작업공정에 차질을 빚게 되어도 손실 비용은 모두 소비자가 감수해야 하는 불공평한 사회구조였다.

정부는 그러한 폐단을 줄이기 위해 소모자재와 일부 부품의 국산화를 장려했다. 우리 회사도 그에 맞춰 비파괴검사제를 생산하여 수입 대체하기로 계획을 세웠다.

국제 규격에 합당한 제품을 개발하고 제조하기가 쉽지 않았다. 그 시절에는 기본적인 시험용 시편은 물론 시험규격도 국내에서는 구할 수가 없었다. 일본이나 미국 또는 유럽 쪽에서 구해와야 할 처지였다.

그런 열악한 환경에서 간신히 시제품(試製品)을 만들어 한국전력 국산화과(課)에 사용 가능성을 타진하러 갔다. 그런데 담당부서에서는 역시 사용실적이나 납품실적이 없다는 이유로 검토하기를 주저하였다. 담당자들 자신이 위험부담을 안고, 선뜻 앞장서기를 꺼리는 눈치였다. 그러나 그들을 나무랄 수도 없었다. 그들에게는 재량권이 없었기에….

'실적을 위조라도 하란 말인가?'라고 투덜거리는 나에게 국산화과의 차장이 넌지시 귀띔해주었다. "현장의 슈퍼바이저를 소개해 드릴 테니, 그분하고 트라이 해보는 게 빠른 방법일 것 같습니다."라며 나를 도와주었다. 차장이 안타까운 마음에서 베풀어 준 호의였다. 받은 메모지를 들고 월성 원자력 건설 현장으로 달려갔다.

훤칠한 키에 작업복 차림인 50대 중반의 백인이 면회소로 들어섰다. 선량해 보이는 인상이어서 마음이 놓였다. 찾아온 목적을 설명하고 시제품을 보여주었다. 그는 관심을 가지고 내 설명을 경청했다. 설명이 끝나자 그가 제안했다.

"제가 휴가차 곧 서울에 올라가는데 그때 귀사의 공장을 보여줄 수 있겠습니까?"

"언제든 좋습니다."

그는 공장을 직접 봐야겠다는 뜻이었다. 그리고 시험성적서를 발부한 KIST(한국과학기술연구원)에도 가보고 싶다는 것이다. 그토록 우리 사회를 믿을 수가 없다는 눈치였다. 사실 그 당시에는 우리 주변에 가짜가 만연하고 있었다.

그는 캐나다 원자력공사(AECL)에서 파견 나온 슈퍼바이저 J. 밀러였다. 제품의 성능이 좋고, 공급이 원활하다면 대체하여 줄 의사가 있다는 언질을 주었다. 그와의 몇 마디 대화에서 자신감을 얻었다. 그에게는 감독권은 물론이고 어느 정도의 재량권도 가지고 있음을 엿보았다.

그는 약속대로 우리 공장에 와서 생산과정을 두 시간이나 세

심하게 지켜보고, 직접 완성된 제품을 채취하여 자기 손으로 봉인까지 했다. 그리고 자기와 내가 공동으로 사인을 한 후 그것을 캐나다 본사와 GE 뉴욕사무소로 보내서 테스트를 거친 후, 그 결과를 가지고 판단하겠다는 것이었다.

다음 날은 KIST의 시험시설을 보러 갔다. 사실 그곳은 국책 연구기관이어서 외부인 출입이 제한될 때다. 우리 회사는 KIST에 분석과 시험을 꾸준하게 의뢰해온 실적이 있었기에 그의 동행이 허락되었다.

KIST의 화학분석실에 우리 회사의 관련 파일이 비치되어 있음을 보고는 비로소 나를 믿는 눈치였다. 대화의 흐름이 금세 달라졌다. 자기는 "밴쿠버대학에서 화학공학을 전공했다."라며 내게 마음을 열어주었다. 그때부터 학교, 한국 생활 그리고 나이아가라폭포 이야기 등으로 대화 분위기가 부드러워졌다.

2개월쯤 지났다. 그에게서 본사와 GE에서 모두 합격통지를 받았다는 전갈이 왔다. 그의 주선으로 월성원자력발전소에 우리 회사의 마이크로 첵크(Micro-Check)가 공식적으로 채택되었다. 일 년 가깝게 공을 들여서 얻어낸 결과이다. '납품실적증명서'도 발급해 주었다. 그것으로 국내·외 여러 공사 현장을 돌며 판촉 활동을 할 수 있었다.

이것은 1970년대 후반, 공업화로 발돋움하는 과정에서 겪은 한 가지 사례(事例)였다. 이렇듯 어려운 과정을 거쳐서 공업입국이라는 소원을 하나씩 이루어 왔다. 후진국이 겪어야 했던 어려움이었다.

그런 고생을 겪은 덕분에 우리나라는 원자력 발전설비의 선진기술을 확보하게 되었다. 반세기 전에만 해도 원자력발전 설비를 턴키베이스로 수입하던 우리가 지금은 그 기술의 최강국이 되었으며 수출하는 나라가 되었다.

격세지감이 크다. '납품실적증명서' 한 장이 없어서 노심초사하던 때가 엊그제였는데 이제는 'Made In Korea'로 어디를 가던 걸림돌이 없게 되었다.

밥상머리 교육

어릴 적에 어른들이 밥상을 앞에 두고 식사하면서 띄엄띄엄 일러주시던 그 말씀이 지금 생각해 보니 '밥상머리 교육'이었다. 주로 예절이나 인성에 대한 가르침이고 근검절약에 대한 말씀이었다.

"편안할 때 위태로울 것을 잊지 말고(安不忘危), 가졌을 때 없어질 것도 잊어서는 아니 된다(存不忘失)."라는 말씀, "세 살 버릇이 여든까지 간다." "분수에 맞게 살아라." 등이 지금도 귀에 생생하다.

어렸을 때는 무슨 뜻인지도 모르며 듣고 지냈다. 불확실한 앞날을 살아가려면 항상 위험과 실패가 따를 수 있으니 유념하도록 하라는 것이었다. 사회생활을 하면서 주변에서 일어나는 여

러 경우의 성공사례와 실패의 고통담을 들으면서, 비로소 할아
버지의 가르침을 이해하게 되었다.

불혹의 나이를 넘어서 사업을 시작했다. 무엇보다 걱정스러운
것이 앞날에 대한 불안감이고 위험에 대한 두려움이었다. 나는
할아버지 말씀 "安不忘危 存不忘失"을 큰 액자에 담아 사무실에
걸었다. 그것을 좌우명으로 삼고 정신적인 안정을 도모해 왔다.

우리는 급변하는 시대를 살았다. 그런 가운데서도 그에 걸맞
게 학교 교육과 사회교육을 받았다. 그러나 어딘가에는 조금 '모
자란다.'라는 아쉬움을 항상 느끼며 지내왔다.

농경사회에서 산업화사회로 넘어오는 과정에서 가장 두드러
지게 달라진 것은 핵가족화이다. 직장을 따라 삶의 터전을 따라
홀가분하게 쫓아다닐 수 있게 단출한 핵가족화가 자연스럽게 진
행되었다.

낯설기는 했으나 새로운 생활환경이기에 우리는 얻은 것이 많
다. 가정을 꾸려가는 책임감이나 홀로서기 같은 자립정신을 기
를 수 있었다. 반면에 예의범절이나 인성교육에 필요한 '사람됨'
을 배울 기회는 멀어져 갔다.

길거리나 지하철에서 눈살을 찌푸리게 하는 일을 볼 때가 많
다. 큰 빌딩에 가면 여닫이 출입문이 크고 무겁다. 힘겹게 열고
나가려는 순간인데 밖에서 쏜살같이 내 앞길을 막고 들어와 버
리는 불청객이 있다. 바쁜 세상이니까 급해서 그럴 것이라 이해

한다. 하지만 눈인사라도 하고 지나가면 좋으련만 '내가 왜!' 하는 식으로 고개를 빳빳이 세우고 미안한 기색 없이 걸어가는 뒷모습은 야속하다.

지하철에서도 가끔 섭섭하게 느껴지는 일이 있다. 두 줄로 서서 잘들 기다리다가 열차 문이 열리면 거칠게 밀어붙이기를 한다. 모두 자기본위의 이기주의 때문이리라. 하지만 지금까지 줄을 서서 일등 시민답게 기다린 보람은 어디에서 찾아야 하나? 선진국으로 가는 꿈이 멀어져가는 것 같아 애석하다.

또 지하철은 노약자를 보호하기 위해 열차 칸마다 양쪽 끝자리를 노약자석으로 정해두었다. 요즘은 노인 승객이 부쩍 늘어나면서 가운데 칸에도 서 있는 노인들이 많다. 앉아 있는 젊은이들의 마음이 불편해 보인다. 힐끔힐끔 내려다보는 노인들의 눈총이 민망스럽다. 우리에게 '동방예의지국'이라며 뽐내던 예절문화가 살아있으면 좋으련만…. 피차가 처신이 거북스러워하는 눈치이다. 차라리 노인 좌석제도를 아예 없애버리면 오히려 세대 간의 마찰을 줄여주는 방법이 아닐까.

하루에도 몇 번씩 아파트 엘리베이터를 이용한다. 좁은 공간이니까 인기척을 느끼면 눈이라도 깜박거려주는 게 이웃에 대한 예의가 아닌가? 스마트폰에만 빠져 있는 모습이 매정해 보여서 서글프다.

밥상머리 교육이란 부모 조상을 모시고 미혼의 삼촌, 고모, 그리고 형제자매가 한 울타리 안에서 아웅다웅하며 살아가는 모습에서 어린 자손들이 자연스럽게 사람의 도리와 역할을 익히고 배우는 것이다. 자손들이 보고 따르도록 하는 솔선수범의 교육장이어서 참으로 유익했는데 핵가족화가 되면서 그런 기회를 빼앗겼다.

오늘 아침 9시에 볼일이 있어 일찍 집을 나섰다가 집 앞 건널목에서 엎어졌다. 크게 다친 곳은 없었으나 얼굴에 상처를 내고 피를 흘렸다. 같이 건너던 한 젊은이와 앳돼 보이는 아가씨가 양쪽을 부축해줘서 약국까지 무사히 갈 수 있었다. 오른편에서 부축해주던 그 아가씨를 나는 온종일 잊지 못했다.

'어느 집 따님인지, 가정교육이 참으로 훌륭하구나!'라는 감탄때문이었다. 출근길이라면 바쁜 시간일 텐데 자기 할아버지를 부축하듯 나를 꼭 붙잡고 약방까지 데려다주면서 신신당부도 한마디 잊지 않았다.

"할아버지! 약국에서 임시 조치하시고, 병원에도 꼭 들르세요!"라는 부탁을 두 번이나 반복해 주고 돌아갔다. 내 손녀 또래인 듯해서 더욱 마음이 찡했다.

'요즘처럼 인정이 메말라 가는 세상에서 저런 젊은이가 있다니? 어쩌면 내가 세상을 너무 왜곡하고 있었는지도 모르겠다.'라는 후회를 한참 동안 했다. 차라리 '내가 지나치게 옹졸하고 못난 늙은이였으면 좋겠다.'라는 생각도 했다. 밥상머리 교육에 대한 미련을 버리지 못하는 꼰대의 노파심이기를 바란다.

오늘은 온종일 그 아가씨 덕분에 맑고 밝고 인정이 넘치는 환한 세상을 만나서 기뻤다.

자녀교육에 왕도가 있을까

주말이면 서울대공원으로 운동을 겸해 산책하러 간다. 고교 동기들과 어울리는 재미는 부수적이다. 지난 토요일도 오전 11시에 대공원 초입의 찻집에서 만났다. 모두 10명이 참가했다.

둘레길을 따라 매표소 창구까지 가서, 창구 앞에서 손을 들고 서 있으면 여직원이 숫자를 확인하고 시니어 무료입장권을 준다. 줄을 서서 나란히 입장하는 모습은 흡사 초등학교 때 선생님을 따라 소풍 가던 느낌이었다. 동심에 발걸음도 가볍다.

대공원 가을 풍경은 한 폭의 그림이다. 산기슭마다 휴식을 즐기러 나온 오색찬란한 차림의 인파와 울긋불긋한 단풍이 어우러지면서 멋진 파노라마가 펼쳐진다. 물결처럼 넘실대는 사람들의 모습에서 태평성대를 느낄 수 있었다.

그 사이사이에는 외국인 가족들도 많이 눈에 띄었다. 어떤 외국인 가족이 앞에서 가고 있다. 남편은 백인인데 부인은 한국인 같았다. 노랑머리를 길게 늘어뜨려 금방 알아볼 수는 없었으나 이목구비는 분명 동양인이었다.

다섯 살쯤으로 보이는 사내아이는 아빠가 끌어주는 손수레를 타고 고개를 까닥이며 장난감을 가지고 놀았다. 그때 장난감이 길바닥에 떨어졌다. 아이가 끙끙거리며 아빠에게 손가락으로 가리켰다. 그런데 아빠는 손수레를 세워놓은 채 내려다보기만 할 뿐 아무런 대응도 하지 않았다.

그렇다고 꾸짖거나 주워오라고 시키지도 않았다. 눈치를 여러 번 살피던 아이가 수레에서 내려 자기 손으로 장난감을 주워 왔다. 아이는 금방 울음을 터트릴 듯 시무룩한 표정이 되었다.

그 장면을 유심히 지켜보면서 '나 같으면 얼른 주워서 손에 쥐어 줬을 텐데….' '흙먼지도 손바닥으로 닦아주거나 옷에다 문질러 주었을 텐데.' 하는 우리식의 편린이 생겨서 꼬마의 편이 되어 있었다.

내려오는 길에는 식당에서 또 다른 한 쌍의 국제결혼 가족을 만났다. 역시 백인 남편에 한국인 아내와 사내아이였다. 그 가족은 내 옆 테이블에 자리를 잡았다.

아이가 무엇 때문에 심술이 났는지 배낭을 식탁에 팽개치고 울면서 식당 안을 몇 바퀴 돌았다. 하지만 부부는 아이를 달래려는 기색을 보이지 않았다. '너는 그래라.'는 식으로 태연히 식사를 주문했다.

돈가스와 우동이 나왔다. 아빠는 빈 접시와 포크를 가져와서 돈가스를 몇 점 덜어 아이 앞에 밀어주고는 아무 말 없이 어른들끼리만 얘기를 나누면서 식사한다.

아이는 한참 동안 보채다가 부모 눈치를 힐끗 살피더니 슬그머니 접시를 끌어당겨 훌쩍거리며 돈가스를 먹었다. 그 가정의 평상시 모습이 그림처럼 그려졌다.

그런 부부를 보면서 '너무 매정하구나!' 하는 생각이 들었다. 아이의 트집이 못마땅하더라도 놀이동산에 왔으니 웬만하면 감싸주고 기분 좋게 해 줄 법한데 저렇게까지 방치할 게 무어람? 아이가 몹시 측은했다.

두 가정의 자녀교육이 우리네와는 판이했다. 부모의 처신이 지나치다 싶을 정도로 냉정해 보였다. 하지만 다시 생각해 보니 그 이면에는 우리와 다른 교육적인 가르침이 있어 보였다.

어릴 때부터 작은 일이라도 자기가 알아서 하도록 하고, 저지른 일에 대해서는 본인이 책임을 지도록 하는 교육적인 의미가 깊게 깔려 있어 보였다. 어르거나 달래거나 하지 않고 끝까지 스스로 판단하고 결정토록 내버려 두는 것이 그들의 교육 방식인 것 같다.

우리는 자녀에게 정이 철철 넘치도록 다정다감하다. 모든 것을 부모가 앞장서서 해결해 주고 보살피는 교육 방식이다. 자립 정신을 키우는 데는 소홀한 면이 많다. 그래서 성인이 된 후에도 여전히 부모가 간섭하고 뒷바라지하는 경우를 우리는 흔하게 보고 있다.

두 방식에는 모두 장단점이 있겠지만 결과는 많은 차이를 가져올 수 있을 것 같다. 이 지구상의 모든 인류가 직·간접으로 무한경쟁을 하면서 어울려 살아가야 하는 시대가 곧 올 터인데 그때가 되면 자립심과 자활 능력이 있느냐 없느냐 하는 차이가 두드러지게 나타나지 않을까 싶다.

다행히 우리 사회도 생활환경이나 삶의 방식이 최근 몇십 년 동안 많이 변했다. 대가족이 한 울타리 안에 모여 살던 농경사회를 거쳐서, 산업화사회로 넘어오면서 자연스럽게 핵가족화로 변신하였다. 지금은 어지럼을 느낄 만큼 초고속으로 자기중심 사회로 변해가고 있다.

이런 시대 흐름에 적응하기 위해 자녀교육도 많이 달라져야 할 때가 된 것 같다. 간섭보다는 취향이나 자질을 살펴서 스스로 자기의 삶을 영위하고 책임지게끔 뒤에서 지켜봐 주는 후견적(後見的)인 교육 방식으로 바꾸는 게 필요할듯하다.

감수성이 많은 어릴 적의 교육이 일생을 좌우하는 바탕이 될 터이니 일찍부터 직접 경험케 하고 그에 따른 책임도 스스로 느끼도록 하는 것이 장래를 위한 참된 교육 방식이 아닐까 한다.

삼성그룹을 초일류기업으로 만든 이병철 회장도 세상에서 가장 어려운 두 가지가 골프와 자식 교육이라 했다고 한다. 자녀교육에 왕도가 있을까마는 "세 살 버릇이 여든까지 간다."라는 속담을 가볍게 넘기는 일이 없었으면 한다.

핸드폰 분실 사고

요즘 시대는 잠시도 떨어질 수 없는 것이 핸드폰이다. 책상 위에 두고 잊은 채 집을 나서는 일이 가끔 있다. 아무리 바빠도 돌아가서 가지고 와야 한다. 지갑을 두고 나올 때는 그나마 대체할 방법이 있다.

지난 5월, 고향에 다녀올 기회가 생겼다. 코로나19가 진정되어서 3년 만에 종친(宗親) 모임을 한다는 초대장이 왔다. 무엇보다 낙향해서 터줏대감 노릇을 하며 지내는 D형을 오랜만에 만날 수 있어 기뻤다.

청량리역에서 KTX를 이용했다. 드물게 가보는 고향이라 마음이 설레었다. 석탄 기관차가 끌어주던 기차를 타고 고향을 오르내리던 때가 생각났다. 산이면 산, 들이면 들, 계곡은 계곡대로 딴 세상인 양 느껴졌다. 빠르면서도 조용하게 달리는 열차가 흥을 돋우어 주었다. 꿈을 꾸는 것 같았는데 어느새 안동역에 도착했다.

역사에 들어서니 D형이 손을 흔들고 서 있었다. 택시를 타고 갈 테니 염려 마시라고 사양했으나 기어코 마중을 나와 준 D형이었다. 그를 보니 진정 고향에 왔구나 싶었다. D형은 나보다 한 살 위였다. 코 흘리던 시절부터 지금까지 떼래야 뗄 수 없는 인연을 가지고 살아왔다.

외가 쪽으로는 내 형님이요, 친가 쪽으로는 내가 아저씨가 되는 항렬이었다. 사주팔자도 비슷하게 타고났을지 모를 만큼 닮은 데가 많다. 외가가 있는 의성 사촌마을에서 태어나 초·중학교까지 같이 다녔다.

8·15해방을 전후해서 비슷한 시기에 아버지를 잃게 되었고, 성인이 되어서는 서울 생활을 수십 년간 함께했다. 월급쟁이로 살다가 비슷한 시기에 사업을 시작했으며 회사를 키워온 점도 닮았다.

모임 장소에 도착해보니 전국에서 모여든 족친들이 200명은 족히 될성싶었다. "형님요!", "아제요!", "할배요!"라며 반기는 인사가 너무 정겨웠다. 타임머신을 타고 옛날 안동 저잣거리에 와 있는 느낌이 들었다.

회의를 마치고 점심상이 벌어졌다. 반주 잔이 오가면서 다시 또 시끌벅적해졌다. 모처럼 사람 사는 세상을 만난 것 같았다. 고향은 그래서 가고파지는 곳인 모양이다. "하룻밤 놀다 가시게!" 친지들이 옷소매를 붙잡았지만 기차 시간이 야속할 정도로 빨리 다가왔다.

아쉬움을 뒤로하고 안동역으로 향했다. 시간에 늦지 않으려고 D형에게 다시 수고를 끼쳤다. 옆자리에 앉아 이런저런 끝도 없는 얘기를 나누다 보니 정신을 빼놓았던 모양이었다. 나를 내려주고 D형은 곧바로 돌아갔다.

대합실에 와서 작별 인사를 제대로 나누지 못한 두어 분에게 다시 전화하려고 핸드폰을 찾았다. 이 주머니 저 주머니를 뒤졌으나 전화기는 흔적이 없었다. 혹시나 대합실 의자에 흘렸는가 싶어 그 주변을 몇 바퀴 훑어보았으나 허사였다.

D형의 차에 핸드폰을 두고 내린 게 분명했다. 마음이 다급해지기 시작했다. 옆의 낯선 젊은이에게 부탁해서 그의 핸드폰을 잠시 빌렸다. D형에게 전화를 걸려고 빌렸으나 D형의 전화번호가 생각나지 않았다. 할 수 없이 내 전화번호로 걸어보았다. D형이 차 안에 있다면 벨 소리를 들을 수 있으리라 믿었다.

하지만 신호음은 울렸으나 전화를 받지 않았다. 서울행 열차가 떠날 시간은 이제 10분도 채 남지 않았다. '어떡하지? 서울에 가서 택배로 보내라고 할까?' 그건 안 될 말이다. 당장 내일 약속이 문제다. 핸드폰 없이 몸만 올라가 본들 아무 일도 할 수가 없기 때문이다.

모든 것을 핸드폰에 담아 두었기에 나는 허수아비나 마찬가지였다. 늦더라도 핸드폰을 찾아 들고 올라가야만 될 처지였다. 매표창구로 쫓아가 다음 차편으로 승차권을 교환했다. 두 시간 정도의 여유가 생겼다.

안동역 대합실은 서울행 열차가 떠나고 나니 한산했다. 막 경기를 끝낸 운동장처럼 썰렁했다. 하지만 나만은 속이 타고 바쁜 사람이었다. 차라도 한잔 마시며 대책을 세워야겠다고 찻집을 찾아 살피는데, 그때 구석진 곳에 조그마한 '여행 안내소' 간판이 눈에 띄었다.

그곳에서는 도움을 받을 수 있을 것 같아 반가웠다. 까만 유니폼 차림의 두 여직원이 "무엇을 도와 드릴까요?"라며 반겨주었다. 자초지종을 설명하고 내 핸드폰 번호로 전화를 걸어 달라고 부탁했다. 여직원이 전화를 반복해 걸었지만 소용없었다.

그때부터 전화를 받지 않는 D형이 원망스러워졌다. 한편으론 핸드폰에만 목을 매달고 있는 자신도 한없이 초라하게 느껴졌다. 일등 비서 노릇을 해주던 핸드폰까지도 원망스럽기만 했다. 믿고 의지하던 친구가 배신했어도 이렇게 원망스러웠을까?

언제부터인가 머리를 쓰지 않고 손가락만으로 살아온 나를 비웃기라도 하는 듯, 그놈의 핸드폰이 나를 좀비로 만들어 놓은 것이다. 만일에 핸드폰이나 네비게이션, 전자계산기 같은 생활필수

품들이 일시에 나에게 등을 돌려버린다면 어찌 될까?

한숨을 거푸 쉬면서 무심코 양복 안주머니에 손이 갔다. 만져지는 것을 신경질적으로 꺼내 보았다. 이번 모임의 초청장이다. 얼른 그것을 펼쳐보니 거기에 간사인 M의 전화번호가 적혀있었다. 무척 반가웠다.

그를 통해 D형의 전화번호를 알아낼 수 있었다. D형과 통화가 되었다. 그는 나를 배웅하고 시내 찻집에서 느긋하게 다른 친구를 만나고 있었다. "형! 차에 가서 내 핸드폰이 있는지 빨리 확인해 줘!" 금세 연락이 왔다. 20분쯤 지나 D형이 헐떡거리며 달려왔다.

갑자기 태풍이 몰아치고 간 뒤의 허탈감 같은 게 몰려왔다. 정신을 차려보니, 여행 안내소 여직원들이 정말 고마웠다. 함께 발을 구르며 걱정해 주었고, 업무용 전화를 수백 번이나 쓸 수 있게 도와준 그분들, 하지만 그들은 나의 조그만 사례마저 끝내 거절했다. 하는 수 없어, 과일 주스 두 잔을 몰래 배달시켜 놓고 돌아섰다.

즐거웠던 고향길이 '아차!' 하는 실수 때문에 수난의 길이었다. 돌다리도 두들겨 보라던 지난날에 어머니 말씀을 잠시 잊은 탓이다.

현명한 판단

상속 문제로 불편한 가정이 많다. 부모 사후에 자녀들 간에 재산 다툼이 생기기 때문이다. 나는 시골 가난한 집안에서 자랐다. 학교도 고학으로 힘들게 대학을 다녔다. 그래도 이해하기 어려웠다. 재물이 우애보다 더 소중한 것일까?

흔히들 '가난은 죄가 아니다,'라고 한다. 하지만 '가난도 죄가 될 수 있겠다'라고 생각했다. 어린 시절에 가난 때문에 받은 상처는 오래갔다.

나는 자식을 키우면서 마음속으로 다짐한 것이 하나 있었다. '몹쓸 가난을 자식에게는 물려주지 않아야겠다고….' 내 염원이 하늘에 닿았는지 사업을 해서 어느 정도 꿈을 이루었다. 다행히 때를 맞춰 자식들도 모두 장성했기에, 나는 2선으로 물러날 준비를 하는 중이다.

어느 날, 두 아들과 가업승계 문제를 의논했다. "앞으로 너희가 내 회사를 맡아서 의좋게 잘 꾸려가 주면 더 이상 바랄 게 없겠다."라는 뜻을 밝혔다.

한데 뜻밖에도 자식들은 회사를 나누어서 각자 독립할 수 있게 도와주기를 희망했다. 처음에는 실망스럽게 들렸다. 시간이 지날수록 자식들 주장에 일리가 있다고 느껴졌다. 농경사회도 아닌데 굳이 두 사람을 한 회사에 묶어두기보다는 능력대로 각자도생하게 하는 것이 바람직하겠다는 생각이 들었다.

그런 데는 두 사람의 성격 문제가 크게 작용했으며, 먼 훗날 내 힘이 미치지 못할 때를 생각해서 미리 적정하게 배분해 두는 것이 옳겠다는 생각이 들어서다. 또한 가업승계에 따른 제도상의 문제에도 불합리한 점이 있었다. 세제 혜택이 두 아들 중 한 사람에게만 해당하는 제도였다. 혜택을 공평하게 받을 수 없다면 그 또한 후일에 불화의 씨앗이 될 가능성이 있을 것 같았다.

그래서 자식들이 원할 때 적절하게 나누기로 뜻을 모았다. 합의된 내용은 화공약품 제조 분야 CNA는 큰아들이 맡고, 고압가스 충전 분야 FC는 작은아들이 가지기로 원칙을 세웠다. 외형적으로는 엇비슷하게 나누어진 것 같으나 세부(내용)적으로는 문제점이 많이 있었다. 두 회사가 연간 매출이나 수익성에서 엄청난 차이가 있어서 공평하게 나누기가 어려웠다.

전문가에게 상의해 보았지만, 뾰족한 대안이 없었다. 궁여지책으로 나온 대안이 FC 쪽의 적자 폭을 줄여주는 방법을 찾아보았다. 임가공비를 현재의 단가에서 개당 100원씩 인상하기로 합의했다. CNA가 연간 1,000만 개 이상을 발주하게 되면 FC가 현상 유지할 수 있는 임계점이다. 향후 10년간 이 룰을 적용하면서 그동안에 FC는 자력으로 새로운 시장을 개척 확보하게 하자는 조건부의 합의를 했다.

FC는 지금까지 내가 관장하는 동안에 외주가공은 일절 하지 않았다. 채산성이 없는 점도 이유이긴 했지만 우선 CNA의 자회사 형태로 예속시켜 CNA 제품만을 전문으로 임가공 하도록 하기 위해서였다.

그렇게 했던 결과 에어로졸 업계에서 'NABAKEM' 제품이 품질면에서 가장 우수한 메이저 브랜드로 부상할 수 있게 되었다. 따라서 CNA는 계획대로 제품의 고급화, 균일성, 적시 공급, 불량률 저감 등의 기술적인 문제를 단번에 해결할 수 있었으며 숙련된 FC의 기술력을 활용해서 도약의 기회를 잡을 수 있었다.

반면에 FC는 수십 년간 CNA의 자회사처럼 묶어놓았더니 절름발이 회사가 되었다. 어느 한쪽이 넘어지면 따라 넘어질 수밖에 없는 관계까지 와있었다. 하지만 그런 약점이 한 편으로는 두 회사를 결속하는 든든한 밧줄이 될 수 있었던 것 같다.

두 회사는 업종이 다르다. 수익성이나 시장성 등에 많은 차이가 있다. 따라서 공평하게 나누는 것은 거의 불가능했다. 무리하게 나누려다 보면 CNA 쪽이 제 기능을 하지 못할 정도로 상처받을 수가 있을 것 같았다. 그래서 임가공비로 보완할 수 있게 특약 조건을 걸게 된 것이다. 너무 경솔하게 분사를 결정한 것 같았다.

하지만 이제는 돌이킬 수 없는 데까지 와버렸으니 어쩔 수 없이 이 범주 내에서 의논해가면서 밀고 나갈 수밖에 없는 처지가되었다. 기업은 혼자서 구멍가게처럼 하는 게 아니다. 관계자들이 모여서 서로에게 도움을 주고받으며 그 과정에서 자아와 개성을 실현해 가는 것이 기업이다.

기업은 생물체와 같아서 여건이나 환경의 영향을 무시하지 못한다. 아무리 완벽하게 나누었다 해도 갈등의 소지는 수시로 생기게 마련이다. 갈등은 불균형에서 오는 게 아니라 불균형이 개선될 기미가 없을 때 온다.

무엇보다 형제간의 일이기에 균형을 중시하는 기본 원칙에는 충실하게 따르려고 노력했다. 얼마 되지 않는 재산을 가지고 볼썽사나운 일이 생기면 남 보기에 망신스럽고, 애써 회사를 키워온 보람도 물거품이 될 테니까.

한평생을 바쳐서 일군 기업이라도 허무는 대는 한순간이면 족하다는 걸 기억해야 한다. 기업을 개인의 것으로 생각해서도 아니 된다. 소비자가 있어야 하고, 협력자가 있어야 하고, 이웃이 있어야 한다.

그들이 모두 주인의식을 가져야 건강해진다. 혼자서 독점해서 되는 일이 아니며 혼자서 다 할 수 있는 일도 아니기 때문이다. 세상 돌아가는 모습을 보면 사람들이 매우 이기적이다. 이치에 어긋나는 경우가 비일비재하다.

그런 것이 새로운 갈등 거리를 만드는 것 같다. 파이를 키우고 나누는 방법을 찾는 것이 우선이 되어야 할듯하다. 그것이 기업인이 가야 하는 길인 것 같다.

마침 자식들도 갖가지 어려움을 예감하고 내 뜻을 따라 주어서 고마웠다. 가업승계 문제를 조기에 조용하게 마무리 지을 수 있어 기뻤다. 어찌 보면 과잉 반응이었을지도 모를 일이다. 지레 겁을 먹은 게 아니냐고 남들이 웃을 수도 있겠지만, '매도 먼저 맞는 게 낫다'라는 속담이 있다. 기회가 생겼을 때 마무리해 둔 것은 매우 '현명한 판단'이라고 생각된다.

몽블랑 볼펜

맏손녀는 미국에서 귀국할 때마다 선물꾸러미를 들고 왔다. 학생일 때는 대학 로고가 박힌 볼펜, 연필통, 그림엽서, 명함 케이스를 가져왔다. 할아버지를 잊지 않고 매번 작은 선물이라도 챙겨와 고마웠다.

"학생이 무슨 돈으로…. 앞으로는 그냥 와도 돼, 알았지!"

"저 아르바이트도 하잖아요."

그렇던 녀석이 작년에 대학을 졸업하고, 뉴욕에 있는 미디어 분야 대기업에 취직했다. 연말이 가까워질 무렵, 카톡으로 문자를 보내왔다. "할아버지! 전 휴가 얻어서 11월 말에 서울에 갈 겁니다. 그때 봬요."

회사에 입사한 지 몇 달이나 되었다고 벌써 휴가를 받을 수 있다는 말인가? '외국 회사가 좋긴 좋은가 보다'라고 생각했다. 한편, 미국에서 생각나면 금방 다녀갈 수 있는 곳이 서울이라니 놀랍기도 했다.

손녀가 귀국했다. 직장이라는 배경이 사람을 달라지게 만드는 것인가? 순진한 티를 벗고 성숙하고 의젓해진 모습이었다. 아들 내외가 아이들과 함께 우리 집을 방문하더니 선물 증정식을 열었다. 며느리가 목청을 가다듬고 인사말을 했다.

"아버님, 어머님! 감사합니다. 서연이가 공부를 마치고, 좋은 회사에 취직해서 첫 월급으로 장만한 선물입니다." 자연스레 박수가 터져 나왔다.

손녀가 건네주는 선물을 받으니 가슴이 뭉클했다. '어느새 이렇게 컸단 말인가?' 감격이 벅차올라 고맙다는 말도 제대로 나오지 않았다. 우리 부부는 포장을 조심스럽게 뜯어보았다.

집사람 것은 어깨에 멜 수 있는 까만색 가죽 가방이었다. 손잡이 쪽에는 옅은 회색 가죽 천에 ESTEE LAUDER라는 브랜드가 선명했다. 내부에는 친환경 재질로 만들어진 무공해상품이라는 설명문도 붙어 있다. 겉보기로는 영락없는 보드라운 양가죽 제품으로 보였다.

"할머니! 이제부턴 이걸 메고 다니세요. 잘 어울리잖아요!"

"그래, 참 좋다."

내 것은 융단으로 포장된 조그만 상자였다. "몽블랑 마이스터

스틱 볼펜이에요. 뉴욕 타임스 스퀘어에 가서 최고 좋은 것으로 샀어요. 할아버지, 어서 열어봐요." 상자를 열어보니 매끈하게 생긴 까만 볼펜이 한 자루 들어 있었다. 나는 무슨 상표라 하는지 알아듣지 못했다. 지금까지 들어본 적 없는 낯선 이름이었다. 생긴 모양이 매끈해서, 꽤 비싼 물건임에는 틀림없는 것 같았다. 눈 덮인 몽블랑 정상을 형상화한 브랜드 이미지가 퍽 고급스럽게 보였다.

"왜 이런 비싼 걸 샀냐? 아무거나 써도 되는데….""

"할아버지는 수필가로 등단하셨잖아요. 품위 있게 여기다(앞가슴을 가리키며) 몽블랑 볼펜을 꽂고 다니시다가, 사인하셔야지요."

"녀석…!"

지금껏 나는 문방구에서 값싸게 산 필기구만을 사용했다. 비싼 만년필이나 볼펜이 있다는 이야기는 들었지만 그런 것에는 추호도 신경을 쓰지 않았다.

손녀 덕분에, 까마득하게 잊고 지냈던 증조부의 유품인 문방사우 - 붓, 먹, 벼루, 종이 - 가 떠 올랐다.

할아버지는 편지를 쓰거나 먹물이 필요할 때면 나를 불러 먹을 갈게 했다. 여느 때와 달리 먹물을 갈 때는 엄격해서 제대로 갈지 못하면 꾸중을 들었다. 할아버지는 부친으로부터 물려받은 문방사우를 보물처럼 소중히 간직했는데, 6·25 전란 때 소실(燒

失)되는 바람에, 평생을 애통해하셨다.

오랜 세월이 지났지만, 뜻밖에 손녀로부터 문방사우 중의 한 가지를 선물 받은 셈이다.

옛날 조부님이 애지중지하시던 지필묵에 얽힌 추억들이 새삼스러웠다.

손녀의 눈에는 내가 선비답게 보였던 모양일까?

흡족한 기분에 콧노래가 절로 나왔다.

잠깐 쉬어 가는 보너스 페이지

자식을 사랑하고 싶다

"자식을 불행하게 하는 가장 확실한 방법은
　언제나 무엇이든지 손에 넣을 수 있게 해 주는 일이다."

- 장 자크 루소

제5부

대학 학사모

내가 흘린 땀, 겪은 추위, 견딘 졸음은

보석보다 더 값진 것이었다.

이 3가지 추억을 조합해서 삼합사(三合絲)를 만들었다.

그 실을 씨줄 날줄로 엮어서 대학 학사모를 만든 것이다.

대학 학사모

　'무작정 상경'이 유행하던 시절이 있었다. 나도 그런 시절의 시골뜨기다. 서울에만 가면 직장을 구하고 대학도 다닐 수 있으리라 믿었다. 서대문 외삼촌 댁에 머물며 3개월을 뛰어다녔으나 그럴만한 일자리를 구하지 못했다. 죄송하기도 하고 조바심이 솟구쳐 괴로울 때였다.

　그때, 시골에서 형님이 보낸 편지를 받았다. 서울에서 사업을 하는 큰집 형님을 소개하는 내용이다. 이튿날, 그 편지를 들고 신당동 큰집으로 형님을 찾아갔다.

　큰집에는 형수님이 시어른을 모시고 어린 3남매를 데리고 계셨다. 초면인데도 온 가족이 나를 반갑게 맞아주었다. 나에게는 가장 가까운 집안 어른이다. 저녁 무렵에 큰집 형님도 퇴근했다.

40대 초반쯤으로 보였다. 키는 크지 않은 편이지만 귀골 티가 풍겼다. 알록달록한 남방셔츠에 비취색 잠바를 걸친, 차림새가 젊은 연예인들을 무색케 할 정도로 멋쟁이였다.

형님 역시 저와는 초면이지만 자상하고 친절하게 대해줘서 정말 고마웠다. 잠깐 몇 마디 얘기를 나누고는, 저녁 식사도 하지 않은 채 볼 일이 있다며 횅하니 나가셨다. 나가면서 "내일부터 우리 집에 와 있거라. 집안일도 돕고, 곧 일자리를 마련해 주마…." 그 소리가 왜 그토록 고마운지 코끝을 찡하게 했다.

방향감각을 잃고 기가 죽어있던 나는 진로 문제가 한순간에 해결되었다. 꿈만 같은 일이었다. 큰집 형님은 미 8군사령부와 8군 산하에 있는 주요 건물과 시설물을 관리하는 용역회사의 전무님이었다. 이미 고향에서, 많은 젊은이를 데리다 대학을 다닐 수 있게 길을 열어준 분이었다.

얼마 뒤에 나는 첫 출근을 했다. 내 일생에서 가장 황홀한 지각 변동이 생긴 날이다. 1958년 11월 25일은 첫 월급봉투를 받고서 울었던 날이다. 가슴이 두 방망이질 쳤다. 초·중·고를 마칠 때까지 가난한 시골 소년이었던 지난날을 생각하니 딴 세상 사람이 된 듯했다. 내 손으로 돈을 벌어 대학에 다닐 수 있다는 사실이 나를 흥분케 했다.

내가 맡은 일은 오후 6시부터 다음 날 새벽 6시까지 8군 영내 사우스 포스트 구역에 있는 미군 숙소의 보일러 15대를 관리하는 일이었다. 낯선 일이고 힘든 노동이었다. 하지만 향학(向學)의 꿈을 펼칠 수 있다는 욕심에 그저 즐겁기만 했다.

다음 해, 봄 계획대로 내가 번 돈으로 입학금을 내고, 원하던 대학에 입학했다. 낮에는 학교에서 밤에는 일터에서 24시간을 보냈다. 짬 없이 바쁜 생활이지만 세상에서 어느 사람도 부럽지 않을 만큼 행복했다.

미군 영내는 규칙이 엄했다. 독신 장교 숙소에 거주하는 미군과의 접촉을 금지했고, PX에서 물품 구매 또는 반출을 일체 할 수 없게 규제했다. 규정 위반으로 걸리면 무조건 쫓겨났다. 당시 후진국 근로자는 모두 다 사람 대접을 제대로 받지 못하던 시절이었다.

비좁은 보일러실이 나의 일터이자 공부방이었다. 어느새 겨울이 와서 밤바람이 매서운 칼바람이 되어 뺨을 때렸다. 미군 막사의 밤이 깊어갈수록 내 발걸음은 더 바쁘게 움직여야 했다. 겨울철에는 난방유 소비가 여름철의 3배가 넘었다. 밤마다 20L들이 철통으로 난방유를 수십 개씩 들어 날랐다. 아침이 되면 지쳐서 꼼짝하기 싫을 때가 많았다.

그러는 사이에 한 해가 지나고 2학년에 올라갔다. 학교생활이 더 바빠지면서 친구들과 어울리는 시간도 늘어났다. 이따금 당구도 쳐야 하고 대폿집에도 함께 다녀야 했다. 내게는 너무 사치스러운 행보였다. 하지만 그런 흉내라도 내면서 친구들과 어울려야 체면 유지를 할 수 있었다. 마음대로 시간을 낼 수 없는 게 안타까울 뿐이었다.

초·중·고 시절에는 돈이 없어 친구들과 어울리지 못했고, 대학에서는 돈은 있었으나 시간에 쫓기느라 학창 시절의 추억을 쌓을 수 없었다. 동아리 모임에도 참여하지 못하여 언제나 반쪽짜리 대학 생활이었다. 세상 돌아가는 것이 내 뜻대로 되는 게 없으니 야속할 때가 많았다.

2학년 말에는 뜻밖에 노환으로 계시던 할아버지가 돌아가셨다. 가장(家長)인 형님은 교원노조 간부라는 직함 때문에 군사정부의 눈을 피해 다니는 처지였다. 내가 상주가 되어 장례를 모실 수밖에 없었다. 마침 3학년에 오를 때 쓰려고 모아 둔 등록금이 있었기에 참으로 다행이었다.

그러느라고 한 해를 휴학하게 되었다. 그 1년은 나를 몹시 초조하고 불안하게 만들었다. 내 일터는 유동적이고 임시직이었다. 운이 나쁘면 언제 무슨 일로 일자리를 잃게 될지 모른다. 일자리를 가졌을 때 하루라도 속히 학업을 마치는 게 바람직했다.

어느 날, 내가 관리하는 보일러실 으슥한 구석에서 낯선 커피상자를 발견했다. 장물인 것 같아 즉시 경비실에 신고했더니 2주쯤 지나 범인이 잡혔다. 재빠르게 신고하지 않았더라면 내가 누명을 쓰고 일자리를 잃을 수도 있는 그런 사건이었다.

이태원 쪽 내 일터에서 학교까지 통학하는 데는 편도 2시간 가량 걸렸다. 너무 많은 시간을 빼앗겨서 공부에 지장이 많았다. 본사에 읍소했더니 휴학이 끝날 무렵에 학교 인근의 '참전 16개국 연락 장교단'이 있는 곳으로 자리를 옮겨 주었다. 출퇴근 시간을 대폭 줄일 수 있어서 시간의 여유를 조금 가질 수 있어 다행이었다.

3학년에 복학한 후로는 급우들과 사귈 시간이 있어 사는 맛이 났다. 하지만 여느 친구들처럼 학창 시절의 멋이나 낭만과는 여전히 거리가 멀었다. 연인과 함께 담배 연기 자욱한 음악 감상실에서 DJ가 흘려주는 멜로디에 취해볼 시간적 여유는 역시 가지지 못했다.

잠을 설치는 때가 많아서 학교에 가면 졸 때가 많았다. 실험·실습시간이 대부분 오후 늦은 시간대에 잡혀있어서 나로서는 소화해 내는 게 버거웠다. 졸업을 앞두고 간신히 학점은 채웠다. 남들처럼 담당 교수의 눈에 들지는 못했으나 대학 생활 5년을 무사히 끝내고 영광스럽게 졸업식장에 설 수 있었다.

그 5년이라는 세월은 참으로 긴 시간이었다. 참고 견디며 억눌러놓았던 한숨이 나도 모르게 때때로 터져 나왔다. 추억이랄 수 없는 고통스러운 시간이 더 많았지만 그래도 그 시절이 기억에 또렷이 남아있는 학창 시절이다. 내가 흘린 땀, 겪은 추위, 견딘 졸음은 보석보다 더 값진 것이었다. 이 3가지 추억을 조합해서 나는 삼합사(三合絲)를 만들었다. 그 실을 씨줄 날줄로 엮어서 나의 대학 학사모를 만든 것이다.

입학 60주년 기념행사

대학에서 섬유공학을 전공했다. 그러나 졸업 후 진로를 선택할 때는 섬유회사로 진출하지 않았다. 우선 학업성적이 뛰어나지 못한 까닭도 있었지만 당장 돈벌이가 되는 쪽을 찾아 나서다 보니 외도의 길을 택하게 되었다.

대학은 고학해서 5년 만에 마쳤다. 주독야경(晝讀夜耕)하느라 공부할 시간이 늘 부족했다. 공대 쪽은 실험이나 실습시간이 중요과목인데 대부분 오후 늦은 시간대에 잡혀있어서 부득이 결석할 때가 많았다. 부끄럽지만 졸업장은 접어서 책상 서랍에 모셔두고 끝내 다른 길을 걸었다.

급여가 높은 용역회사를 거쳐서, 울산에 있는 비철금속 대기업인 HAR(한국알루미늄공업)에 입사했다. 일본에 가서 1년간 알루미늄 제련기술을 연수하는 조건이었다. 남들처럼 유학은 가지 못하더라도 일본어를 배울 좋은 기회이기에 기를 쓰고 이쪽을 택했다.

HAR에서 5년 임기를 마치고, 서울에 다시 올라왔다. 일본어를 익힌 덕분에 한일합작회사인 중소제조업으로 전업할 수 있었다. 우연이지만 용역회사, 대기업, 중소제조업을 전전하면서 다양한 경험을 쌓았다. 그것이 훗날 내가 회사를 차릴 수 있는 유익한 자산이 된 듯하다.

뒤늦게 자영업을 하면서 오래도록 만나지 못했던 학창 시절의 친구들을 만나기 시작했다. 그때는 이미 내 나이가 40대 중반을 넘어섰다. 늦었지만 시간을 쪼개어 옛 친구를 찾아다녔다. 고등학교, 대학교 동기 모임에는 부지런히 참석했다. '섬유공학과 외톨이'라는 소외감도 벗어던지고 싶었고, 동문수학하던 친구들의 근황도 그리웠기에….

대학 시절의 친구들은 대부분이 섬유회사에 종사했다. 그들이 만나는 자리에는 항상 얘깃거리가 풍성하고, 학생 때처럼 격의 없는 대화로 윤기도 흘렀다. 외도를 한 죄로 나만은 벙어리처럼 얘깃거리가 궁색하고, 이방인처럼 멋쩍은 웃음만 흘리다가 돌아올 때가 자주 있었다. 그런 모임이었지만 열심히 참석해서 서먹함을 줄이려고 애를 썼다. 학창 시절의 친구들이기에 그나마도 끈끈한 정의(情誼)가 남아있었던 모양이다.

동기 모임에 나가면 동기회의 직함을 맡으라는 압력을 자주 받았다. 때가 되면 당연히 그런 봉사도 맡아 해야겠지만 아직은 낯도 설고 친구들의 이름도 가물거려서 맡기가 어색했다.

그러던 어느 날이다. L 회장이 임기가 끝날 무렵이었다. 선임 회장 몇몇이 쑥덕거리는 눈치더니 분위기가 심상찮았다. 짐작했던 대로 화살이 내게로 날아왔다. "제14대 동기회장으로 김승길 회원을 추대합니다."

숨 쉴 틈도 주지 않고, 격식도 갖추지 않고, L회장은 만장일치로 밀어붙였다. 아무런 대책 없이 회장 자리를 떠안았다. 언젠가는 이런 날이 오리라는 것을 예상했기에 더 이상 버티지 못했다.

임기는 2년이었다. 그간에 내가 해야 할 일이 무엇일까 챙겨보았다. 마침, 내 임기 중에 다음 해 4월이면 우리가 대학 입학 60주년을 맞이하는 해이다. 전임 회장들과 의논하여 '입학 60주년 기념 모교 방문 행사'를 치르기로 의견을 모았다.

큰 행사를 맡아 놓고 보니 내 모습이 더 초라해 보였다. 나는 섬유업계에 종사하지 않아서 발이 넓지 못했다. 더구나 이런 큰 행사를 하기 위해서는 지근(至近)의 응원군이 많아야 하는데 그럴만한 배경도 없어서 걱정이 앞섰다. 하지만 이미 쏟아놓은 물이니 어쩔 수 없이 앞장을 섰다.

2019년 4월 8일 월요일을 D-day로 정했다. 연락이 닿고 참석이 가능한 동기생은 대략 38명 정도였다. 대부분이 서울에 살고 있었다. 연고지를 따라 낙향해서 사는 이도 몇 명 되었다. 그들에게 매달려 협력을 청했다. 다행히 절반이 넘는 25명이 물심양면으로 본 행사를 찬동하고 협조해 주었다. 뜻밖에도 응원군이 많아 새로운 용기가 생겼다.

'저~ 외톨이가…?'하며 비협조적인 친구도 몇 명 있었다. 언제 어디서나 무슨 일을 주선해 보면 그런 훼방꾼(?)이 반드시 있게 마련이다. 서너 명이 고의로 훼방을 놓는 게 눈에 보였다. 하지만 나는 그들을 문제 삼지 않았다. "상처는 남이 주는 게 아니라 내가 받는 것이다."라는 말을 떠올리면서 내가 할 일을 열심히 했다.

이번 모교 방문 행사는 섬유공학과가 생긴 후 처음 가지는 행사이다. 우리가 섬유공학과 입학 2회이다. 대선배의 위치에 있는 만큼 이번 행사의 의미는 그만큼 비중이 컸다.

행사 날이 빠르게 다가왔다. 이른 아침부터 멀리서 가까이서 추억이 서려 있는 '행당벌'을 향해 발걸음을 재촉했다. 찾아오는 길이 낯설다는 친구도 있었다. 60년 만에 처음으로 모교를 찾아와 본다는 친구도 여럿이었다. 대다수는 소풍 길에 나선 어린아이들처럼 들뜬 마음으로 행사장에 모여들었다.

학교 측에서는 김우승 총장님을 비롯한 관계 보직 교수들이 모두 나와서 우리를 따뜻하게 맞아주었다. 무엇보다 총장의 "59

학번 섬유공학과 대선배님들의 '모교 사랑'을 오래도록 기억하겠습니다."라는 환영사가 가슴을 뛰게 했다.

신학기여서 무척 바쁘신 분들이었지만, 우리를 위해 국제회의장에서 리셉션을 베풀어주었고, 맛있는 점심상까지 차려 주었다. 편안하게 구경할 수 있도록 스쿨버스도 제공해주었다. 후배들은 친형님을 대하듯이 다정하게 안내해 줘서 고마웠다.

모교 한양공대는 1939년부터 각 분야의 기술 인력을 배출해왔다. 그분들이 한강의 기적도 만들고, 산업화로 가는 길에 헌신 해 온 분들이다. 우리 또한 그 대열에 앞장섰던 산업 전사들이다. 가슴 뭉클한 조우(遭遇)의 시간이었다.

한양공대는 세계 74개국에서 모여든 14,000여 명(2023년 기준)의 유학생을 배출하였다. 명실상부하게 글로벌 대학으로 뻗어 왔다. 이제는 한양공대가 로컬대학이 아니라 세계 속의 명문대학임을 자부해도 좋을 만했다. 본교와 안산 에릭카 캠퍼스를 두루 돌아보는 동안에 긴 봄날의 하루가 아쉽게 저물어갔다.

이번 행사가 성공적일 수 있었음은 '사랑의 실천'이라는 건학이념이 바탕이 되었기에 가능했던 것 같다. 그리고 '사랑의 실천'을 우리 59학번이 몸소 실천했다는 사실이 또한 의미가 컸었다. 십시일반으로 모은 작은 성금이지만 섬유공학과 발전에 보태도록 금일봉을 기부한 것도 큰 보람이었다.

6·25 인천상륙작전의 영웅 맥아더 장군은 퇴임 연설에서 "노

병은 죽지 않는다. 다만 사라질 뿐이다."라는 고별사를 남겨서 많은 사람의 심금을 울렸다. 되새겨보면 우리의 이번 대장정도 의미가 컸으리라 본다.

L과의 추억

　고등학교 2학년에 올라갔다. 새로 반 편성이 되어서 낯선 친구가 많아졌다. L과는 또 같은 반이다. 1학년 때도 한 반이었는데 별로 대화 없이 지냈던 사이다. 그런 그가 뜻밖에도 다정하게 말을 걸어왔다.

　"너 자취하고 있다며? 우리 집에서 같이 다닐래?"

　내가 어렵게 지낸다는 걸 그가 알았던 모양이다. 고맙기도 하고 놀랍기도 했다. 그의 어머니가 "좋은 친구 있거든 함께 공부도 할 겸 집이 허전하니까 데리고 오라." 했단다.

　하지만 그와는 가까이하고 싶은 생각이 없었다. 내 취향과는 너무 거리가 멀었기 때문이다. 걸핏하면 오른손에 붕대를 감고 주먹을 바지 주머니에 숨기고 다니는 모습이 마음에 들지 않았다. 다만 침식을 제공해주겠다는 그의 어머니 제안이 솔깃했다.

토요일 오후 그를 따라나섰다. '한 번 가 보기나 하자.'는 호기심이 발동했다. 남천교를 건너기 직전 신작로 우측에 있는 일본식 집이었다. 마당이 널찍하고 미닫이 유리창들이 거실의 품위를 한층 돋보이게 했다. 내 눈에는 대궐 같은 부잣집이었다.

L의 어머니가 반겨 주었다. 멋스러운 차림의 40대 중반쯤으로 보이는 신여성이었다. 우리 어머니보다 너무 젊어서 많이 놀랐다. "L과 공부도 하고 같이 학교에 다니면 어때?"

그러면서 내가 사용할 방으로 안내해 주었다. 넓은 방에는 책상도 준비되어 있었다. 그때까지 나는 책상을 가져 본 적이 없다. 늘 방바닥에 엎드려 공부했다. 의자를 당겨서 책상 앞에 앉아 보았다. 멋지다는 생각이 들었다. 꿈만 같은 이 기회를 놓치고 싶지 않아 나는 그만 수락하고 말았다.

자취방에 돌아와서 곰곰이 생각해 보았다. 지나친 욕심이지 않나 싶어서…. 나름대로 걱정이 되었으나 L이 약속만 지켜준다면 어려울 게 없을 것 같았다. 입주해서 L과 같이 학교에 다녔다. 그의 어머니의 고마운 뜻을 잘 받들려고 노력했다.

그러나 L은 여전히 주먹 친구들과 어울리기를 좋아했다. 주말이면 떼를 지어 다니며 패싸움을 자주 했다. 내 힘으로는 L을 설득할 수가 없었다. 게다가 싸움판이 벌어지는 날이면 내가 그의 졸개가 되어 책가방을 들고 따라다녀야 했다.

"왜 늦었느냐?"는 사실 확인을 어머니는 항상 나에게 하기에 늘 거짓으로 보고 하는 것도 나의 몫이었다. 날이 갈수록 거짓말에 대한 죄책감이 커졌다. 부잣집에서 누리는 호의호식이 가시방석 같았다. 지금이라도 '이실직고하고 돌아가 버릴까?' 하며 망설인 적이 여러 번이었다.

하지만 천금같이 귀하게 여기는 외동아들의 비행을 고해바치면 어머니 상심이 너무 클 것 같아 차라리 내가 거짓말쟁이가 되기로 했다. '조금만 더 견뎌보자, 약속을 지키겠지….' 기대와 고민을 번갈아 하면서 그런 날이 오기를 기다렸다.

그러나 내 처지는 날이 갈수록 더 초라해지기만 했다. 견디다 못해서 어느 날, L에게 양심선언을 했다. "도저히 못 하겠어. 여름방학 때까지만 너의 집에 있을게."

며칠 후였다. L은 하굣길에 나를 반월성 잔디밭으로 데리고 갔다. "이 새끼, 너! 엄마한테 함부로 지껄이면 죽어!" 순간 눈에서 번갯불이 튀겼다. 대항할 능력이 내겐 없었다. 만화책에서 보았던 동물의 세계와 흡사했다. 모든 것은 강자(强者)의 일방통행이었다.

여름방학이 되어 그의 집을 나왔다. 그의 어머니께는 어쩔 수 없어 또 거짓말을 했다. "학교를 그만두게 되었습니다. 이번 방학에 집에 가면 오지 못할 것 같아요. 그동안 고마웠습니다." 하지만 L에게는 '고맙다.'라는 인사를 끝내 하지 않았다. 그가 너무 얄밉고 짐승 같았다.

유림의 싸늘한 자취방에 돌아왔다. 고생은 되어도 마음이 편했다. 아침마다 냄비 밥에 버터 한 숟갈을 얹어 간장으로 비벼 먹는 그 맛은 부잣집 진수성찬이 부럽잖았다.

그렇게 3년을 버티어서 졸업했다. 하지만 정작 졸업식장에는 면목이 없고 부끄러워 참석지 못하고 경주를 떠났다. L에게도 인사 한마디를 건네지 못했다.

'바보 같은 놈! 그토록 갈망했던 졸업장이라도 받아오지…?' 빈손으로 그해 8월에 서울행 기차에 몸을 실었다. '죽지 않으면 살길이 있겠지….' 다행히 서너 달이 지나 야간에 일자리를 구했다. 내 손으로 돈을 벌어 대학에 들어갔다. 대학을 마치고 직장을 따라 울산에 내려왔다.

운명의 장난인가? 내 기억에서 경주라는 곳을 지우고 싶었는데…. 울산과 경주는 지척이었다. 게다가 경주고 동기들이 의외로 울산에 많이 와서 살고 있었다.

그들과 어울리다 보니, 잊고 싶었던 경주, 그리고 한참 동안 잊어버렸던 L을 다시 떠올리게 되었다. 세월에는 장사가 없는 모양이다. 거지처럼 살아 온 경주의 기억과 철없이 원망했던 L과의 추억들이 새삼스레 파노라마처럼 펼쳐졌다.

어리던 시절, 자기 집으로 나를 데려간 것이 어머니의 뜻만은 아니었을 것이다. 비록 주먹세계에 빠져 잠시 엇길을 가고 있었지만, L의 가슴속에는 천사 같은 친구애(愛)가 똬리를 트고 있었는지도 모른다는 생각이 들었다. '내가 좀 더 인내하고 적극적이었더라면 어땠을까?' 하는 생각에 마음이 아렸다.

L은 부산에서 D대학에 다녔다. 그 뒤로는 소식을 들을 수 없었다. 중·고 동기들 모임에 가면 그를 만날 수 있을까 해서, 울산에 사는 동안 경주와 부산에서 개최하는 동기 모임에 기회 있을 때마다 참석해 보았다.

하지만 그를 만나지 못했다. 많은 세월이 지나고 나서, "지병으로 고생하다 저세상에 갔다."라는 소식을 전해 들은 게 전부이다. 가난뱅이 유학생에게 진심으로 정을 베풀어 준 고마운 친구였는데…. 참고 참으면서 좋은 공부 친구가 되어주지 못한 게 너무 가슴 아프다.

아홉수의 징크스

일본 여행을 떠나는 날이다. 일주일 전부터 감기로 고생하고 있다. 막바지인 듯 기침도 심하고 온몸이 천근만근이다. 이런 컨디션으로 여행을 떠나는 건 무리다.

오후 4시까지 인천공항 출국장에 집결키로 되어있다. 고교 동기생 네 명이 일본 미야자키에서 겨울 골프를 즐기기로 한 것이다. 경주에서는 K와 S가 올라오고, 서울에서는 G와 나 두 사람이 동행하기로 했다. 모처럼 G가 앞장서서 두어 달 전에 꾸민 5박 6일의 스케줄이다.

엊저녁까지만 해도 죽는 한이 있어도 여행을 가겠다고 다짐하며 잠을 청했다. 한데 아침에 일어나 보니 간밤의 용맹은 어디로 사라져 버렸는지 도저히 엄두가 나지 않았다. 친구들이 나 때문에 실망하는 모습이 눈에 선했다.

벽시계가 오전 11시를 알렸다. 전화나 문자 한 통으로 못 간다고 통보하는 것은 예의가 아닌 듯했다. 그들과는 난생처음으로 한 약속이어서 심적 부담도 있었다. 승용차를 몰고 콜록거리면서 공항으로 달려갔다. 출국장에서 손을 일일이 잡고 환송했다. 조금은 마음이 편해졌다.

그럼에도 밤이 깊도록 잠을 이루지 못하고 뒤척였다. 아홉수 때문이었다. 감기가 주된 원인이지만 아홉수의 징크스가 나를 많이 괴롭혔다. 두어 달만 지나면 일흔아홉을 훌쩍 뛰어넘을 텐데 시기를 잘못 택한 것 같아 아쉬웠다. 아홉수의 좋지 못한 기억들이 나를 나약하게 만들었다. 그놈의 징크스가 꼭 저승사자를 기다리는 기분이었다. 지금까지 아홉수를 넘긴 게 여러 번이었지만 이번처럼 안절부절못해 본 적은 없었는데….

하필이면 왜? 이번에는 이토록 불안을 떨쳐버리지 못할까? 오래된 일이지만 나에게는 형님의 아픈 기억이 되살아났다. 건강하던 형님이 일흔아홉에 낙상사고로 고생하다가 여든둘에 돌아가셨다. 나와는 상관없는 일이라고 아무리 고개를 설레설레 흔들어 보았지만 그럴수록 더 상기되는 기억이었다.

주변에서는 흔히 '수땜'을 한다고 점을 치거나 고사를 지내는 이도 있다. 나는 그렇게 해본 일은 없었다. 여태 까지는 아홉수를 무시하고 형편에 맞는 날을 택해 모든 것을 처리하면서 잘 지내왔다. 한데 이번에는 형님의 허무한 삶을 보면서 그런 용기를 잃게 되었나 싶다.

몇 가지 마음에 걸리는 것이 또 있었다. 며칠 전의 일이다. "금일중으로 이번 여행비용 잔액을 입금치 않으면 예약이 취소된다."라는 으름장 문자가 밤이 늦은 시간에 여행사 담당자에게서 날아왔다. 내가 전화를 받지 않아서 통지가 늦어졌다는 핑계였다. 나는 인터넷 금융을 할 줄 모른다. 부랴부랴 아들에게 부탁하여 밤 10시경에 간신히 송금해주고 낭패를 면했다. 매우 짜증스럽고 무시당한 기분이었다.

그런 일을 겪고 보니 이것도 '여행을 가지 말라는 암시가 아닌가?' 하는 의구심이 생겼다. 그 옆에 있던 집사람도 "그것 봐요! 지금이라도 취소하는 게 어때요? 나이가 있으니 잘못되면 폐렴으로 고생할 수도 있다잖아요!"라며 집요하게 만류했다. 게다가 사사망념(邪思妄念)까지 고개를 쳐들고 온갖 잡념을 떠올리게 하였다.

올해 봄에는 골프 치다가 왼쪽 정강이에 근육파열이 생겨 두어 달 절뚝거리며 고생했었다. 또 여름에는 구안와사 때문에 입이 돌아가서 두 달가량 병원을 쫓아다니며 난리를 친 적도 있었다. 이런 사건 사고들이 올해 들어서 잇따라 발생하고 있으니 역시 아홉수의 운세 때문이 아닌가 하는 불길한 생각을 키우게 되었다.

이러한 일련의 사건들이 주마등처럼 하나씩 되살아나면서 내 머릿속을 한없이 어지럽혔다. 그래서 문제를 더 키웠는지도 모른다. 하지만 이러한 속내를 길 떠나는 친구들에게는 사실대로 터놓을 수가 없었다. 그저 감기를 핑계로 삼을 수밖에 다른 설명이 필요하지 않았다.

서구 사람들도 '13일의 금요일'을 불길한 날로 꺼리는 징크스가 있다고 한다. 사람 사는 세상은 어디나 비슷한 모양이다. 아홉수의 징크스를 떨치지 못하는 내 나약한 모습이 몹시 부끄러웠다. 매우 찜찜했으나 그렇게 해서 아홉수를 무사히 넘겼다.

삶의 애착 때문일까? 예로부터 전해오는 '일체유심조'라는 말이 있다. 마음에 품으면 그런 방향으로 일이 이루어진다고 했다.

하지만….

우주여행을 가는 시대인데, 친구들이 내 말을 이해할 수 있을까?

욕심에서 비롯된 일

지난해 가을, 고향 안동 길안면에 선조의 위패를 모시는 합동 제단을 새로 만들었다. 여기저기 산재해 있는 산소를 옛골 한곳으로 모아서 훗날 후손들이 쉽게 찾아오고 참배할 수 있도록 하기 위함이다. 주손의 5대조까지 평묘비석을 제작하여 나란히 모셨다.

그리고 가운데에는 큼직한 제단을 설치했다. 오른편에는 제단기(祭壇記)를 세우고, 왼편에는 증조부의 묘갈명이 새겨진 비석도 옮겨놓았다. 입구 쪽 비탈진 곳에는 흙을 채우고 잔디도 입혔다. 초입이라 미관을 생각해서 보기 좋게 다듬었다.

공사를 맡았던 N 사장은 성토한 곳이 다져지려면 2~3년은 족히 걸려야 될 것이라 했다. 그런데 올여름에는 비가 너무 많이 왔다. 곳곳에서 물난리로 아우성친다. 초조한 마음에 N 사장(시공업자)에게 전화를 걸었다. 그는 자신 있게 대답했다. "문제가 없을 테니 걱정을 마세요!" 전문가의 말이니까 억지로라도 믿고 싶었다.

하지만 비는 그칠 줄 모르고 내렸다. 옛골 상황이 너무 걱정스러워 근처에 사는 Y에게도 안부 삼아 전화를 걸어보았다. 그는 지나는 길에 그곳을 둘러보았다면서 "지금까지는 아무 탈이 없었네." 했다. 그 말의 여운은 비가 더 내리면 위험할 수도 있겠다는 뜻으로 해석되었다. 뉴스 시간마다 TV에서 발표하는 홍수 피해 소식이 오늘따라 유난히 듣기 싫을 만큼 여기저기서 쏟아져 나왔다.

이튿날 이른 아침, 전화벨이 울렸다. 고향에서 무슨 소식이 있을 테지 하면서 은근히 기다리고 있던 참이었지만 막상 벨이 울리니 얼른 수화기에 손이 가지 않았다. 혹시 Y로부터 좋지 않은 소식이 나올까 두려웠기 때문이다. Y는 먼 촌수의 집안 아저씨다. 나이는 나보다 두 살 아래지만 고향에서는 동네를 대표하는 어른이고 내게는 유일무이한 고향 친구이자 아저씨다.

전화를 받으니 예상했던 대로 지난밤 장대비에 성토한 부분이 무너져버렸다는 소식이다. 진입로도 두세 군데 허물어졌다는 것이다. 제단이 설치된 쪽은 이상이 없다니 다행이지만 입구 쪽은 보나 마나 볼품없이 되어 버렸을 것 같았다. 제단을 축성할 때,

한 뼘이라도 넓히고 싶었던 욕심이 화근이었다. 자연스럽게 두었더라면 탈이 없었을 텐데….

얼른 생각나는 게 한 가지 있었다. '그놈의 욕심 때문에' 손재(損財)를 본 일이 생각난다. 지난해 연말에, 우리 회사 제품이 인기리에 수출이 되고 있을 때였다. 방청제 네 파렛트를 오후 6시까지 상계동 모 장소로 보내달라는 주문을 받았다. 대금은 현지에서 지급하겠다는 것이다. 수출용이니 시간을 지켜달라는 말도 덧붙였다.

거래가 없던 회사였지만 '현금결제'라는 소리에 의심치 않았다. 여느 때와 달리 부지런을 피우면서 시간에 맞춰 용달차에 싣고 직원을 따라 보냈다. 그쪽 직원은 사장이 대금을 갖고 오는 중이니 조금만 기다려 달라고 했다.

한 시간쯤을 기다렸다. 싣고 간 용달차 기사는 더 이상 기다릴 시간이 없다고 난리를 피웠다. 그렇다고 다시 싣고 돌아와 버릴 수도 없어서 물건을 내려놓고 용달차만 돌려보냈다. 밤 9시가 다 되었을 무렵에 사장이 나타났다.

"도저히 현금을 마련치 못해 미안합니다. 우선 이 어음을 받으시고 내일 현금이 마련되는 데로 바꿔 드리겠습니다."라며 그럴싸하게 조아렸다. 전형적인 사기행각이었지만 '설마'하는 실낱같은 믿음을 안고 돌아왔다.

그 말을 믿은 게 실수였다. 초면에는 외상거래나 어음거래를 하지 않겠다는 게 회사의 방침이었다. 하지만 오늘 상황으로는 어쩔 수 없었다. 헤어진 뒤로는 통화가 되지 않았다. 그놈의 욕심 때문에 이번에도 '눈 뜨고 코 베인 격'이 되고 말았다. 언제부터 인가 사업을 하는 사람들도 이렇게 속고 속이면서 사는 게 다반사였다.

농부들도 매년 장마철이면 유사한 피해를 겪으면서 하늘을 원망하며 살고 있다. 속을 태우며 속수무책으로 재해를 당할 수밖에 없는 우리 농부들의 심정을 이제는 백분 이해할 수 있었다. 하지만 뾰족한 대책이 없는 그들에게 아무 도움도 안 되는 동정심만 보낼 뿐이다. 속고 속이며 살아가는 우리네 소시민들의 고충이 어디에나 있었다.

가을이 오면 유실된 제단을 다시 성토하여 복원할 예정이다. 이번만은 후회하지 않도록 튼튼하게 쌓아야겠다고 다짐하면서…. 전철을 밟지 않겠다고 다짐은 하지만 서민들에게는 그 다짐이 득도(得道)의 길 만큼이나 어려운 일임을 염두에 두어야 할 것이다.

자식들이 달아준 훈장

어느 날, 자식들이 내게 넌지시 권했다.

"팔순 선물로 벤츠를 사 드리려는데요.…."

"쓸데없는 소리!"

격에 맞지 않다고 나무랐다.

"아버지! 평생 고생하셨는데 이젠 좀 누려보시지요?"

"그만해라."

중소기업인이 고급 외제 차를 탄다는 게 분수에 맞지 않다고 생각했다. 지금까지 지켜온 내 소신이다. 하지만 자식들은 여러 차례 나를 설득하려 했다.

그런 자식들 마음도 짐작은 된다. 은퇴 기념으로 그리고 곧 다가올 팔순 기념으로 선물을 하고 싶어 하는 그 마음을 헤아리지 못한 바는 아니다.

"아버지! 몇 년만 더 지나면 그때는 하고 싶어도 하실 수가 있겠어요?"

"그래서?"

대화 중에 허무하다는 생각에 빠져들었다. 긴 것 같은 인생이지만 참으로 덧없는 세월이었다. 자식들은 가까이에서 20년을 나를 도우며, 내가 살아가는 모습을 지켜보았다. 근검절약과 소박함을 누구보다 잘 알고 있다. 아버지가 수십 년간 회사 일에 매달려 노심초사하는 것도 보아 왔다. 그리고 아버지를 저대로 두면, 갖고 싶어도 남의 이목 때문에 가지지 못할 위인이란 것도 짐작했던 것 같다.

"평생 일밖에 모르셨으니 이제 좋은 것도 한번 가져 보세요!"

나중에는 권유가 아니라 강요에 가까웠다. 지나친 사양도 옳은 것만은 아니라는 생각에, 흐뭇하게 받아드리기로 했다.

국민소득 3만 불 시대에 살면서 대원군의 쇄국정책이 반드시 애국의 길이라고 우길 수는 없었다. 내가 대문을 닫아걸면 상대도 그럴 것이 뻔하다. 이제는 나도 국산품 애용이라는 구시대적인 구호에만 목을 맬 때는 아니라는 생각이 들었다. 나라 간에 교역이 활발할수록 우리나라가 유리하기 때문이다.

우리 회사는 1,000만 불 수출을 눈앞에 두고 기뻐한다. 벤츠 한 대 팔아주는 것을 분수에 어긋나는 일이라고 고집해야 할 까닭이 없을 것 같았다. 세상의 이치가 균형의 원칙을 어기지 않으면 되기 때문이다.

3월 초, 벤츠 S560이 우리 마당에 굴러들었다. 가슴이 뭉클했다. 견물생심이란 말이 틀리지 않았다. 게다가 손수 운전하는 나로서는 안전하고 간편한 운전석 기능이 마음에 들었다.

그렇지만 어릴 적에 할아버지께서 "분수에 맞게 살아야 한다."라던 말씀이 마음에 걸렸다. 지금까지 매사에 허세를 부리지 않으려고 노력했었는데 오늘, 할아버지 말씀을 거역하는 것 같아 죄송한 마음이 나를 옭아매었다.

내가 사회에 첫발을 내디뎠을 때다. 거리에는 '수출 입국', '국산품 애용', '기술 보국' 등의 슬로건이 거리를 꽉 채우고 넘쳤다. 기아선상(飢餓線上)에서 절망과 민생고를 해결하기 위해 정부는 '국산품 애용'과 '수출증진'을 애타게 외쳤다.

내가 입사한 HAR 회사는 울산에 있었다. 공업입국으로 발돋움하기 위해, 비철금속의 필요성이 절실했을 때다. 16만 평 부지에 1,300만 불(1966년 기준)의 대일차관자금으로 알루미늄 제련 공장을 건설하는 중이었다. 국내에는 제철소도 없을 때였다. 건축용 철재부터 모든 기자재와 소모 자재들이 일본에서 수입되었다.

가발과 봉제품 같은 수공업 제품을 수출해서, 석유와 비싼 기자재를 수입하고 있는 우리의 현실이 너무 초라했고 가슴 아팠다. 기회가 온다면 나는 제조업을 해서 경쟁력 있는 공산품을 만들어 보고 싶다는 꿈을 그즈음에 처음으로 가졌었다.

18년의 직장 경험을 바탕으로 해서 1980년에 산업용 에어로졸 제조업에 투신했다. 직원 세 명을 데리고 구로동에서 '남방화공상사'라는 간판을 내걸었다. 당시에는 에어로졸 분야가 낯설 뿐만 아니라 국산품이 거의 없었다.

CRC, LPS, NCH, DAIHO 같은 유명브랜드의 외국 제품이 우리 시장에 판을 치고 있었다. 국산품이라면 저질(低質)로 인식되어 문전박대를 당하기 일쑤였던 그때를 생각하면 지금도 이마에 식은땀이 맺힌다.

외국 제품과의 경쟁은 힘들고 처절했다. 그런 와중에 'NABAKEM'이라는 자가 브랜드를 가지고 경쟁에 뛰어들었다. 이제는 'NABAKEM'이 국내뿐만 아니라 동남아에서 메이저 브랜드로 자리매김하고 있지만, 초창기에는 무명 가수들처럼 음지만을 찾아다녔던 서글픈 시절이 10여 년이나 지속되었다.

2008년에 100만 불, 2012년 300만 불, 2017년 500만 불 수출의 탑을 성취했다. 2021년 1,000만 불 수출의 탑을 눈앞에 두고, 나는 일선에서 물러났다. 천만 불 수출의 탑은 중소기업으로서는 쉽게 이룰 수 없는 꿈의 결정(結晶)이다.

우리 제품을 수입해 가는 외국 바이어들이 한없이 고맙다는 걸 느꼈다. 그들이 있었기에 'NABAKEM' 브랜드가 빛을 낼 수 있다는 것도 비로소 알았다.

지난날, 사회초년생이던 60년대 중엽에는 '국산품 애용'이라는 플래카드에 대한 애정이 남달랐다. 그래서 고급 승용차가 나에겐 사치품으로만 비쳤다. 지금은 역으로 내가 수출에 목을 매고 있으니 벤츠를 물리치지 못하는 까닭이기도 하다. 자식들이 달아 준 떳떳한 '훈장'이라 여기며, 오늘도 벤츠에 올라 시동을 건다.

잔소리꾼

회사를 만들고 15년쯤 지났을 무렵이다. 일거리가 늘어 즐거운 비명을 지르고 있었다. 일손이 부족해서 외국인 근로자를 많이 고용해야만 했다.

마침 우리 아이들이 그 무렵에 차례대로 군에서 제대하고 취직자리를 구하는 중이었다. "너희들 우리 회사에 와서 나와 함께 일하는 게 어떠냐?"

다행히 삼부자는 쉽게 의합(意合)이 되어 한솥밥을 먹기로 했다. 처음에는 나 자신도 백만 대군을 얻은 기분이었고, 아이들도 장래를 걱정하지 않아도 될 직장을 일찌감치 잡은 터라 의기투합이 잘 되어 갔다.

어느 날부터인가 내 입에서 잔소리가 나오기 시작했다. 잔소리 빈도가 늘면서 평화롭던 분위기에 금이 생기기 시작했다. 가까이서 생활하다 보니 보지 않아도 될 것을 보게 되고, 작은 결점도 크게 보이는 상황까지 왔다. 잔소리가 큰소리로 변질되는 때도 많아졌고, 별것 아닌 잔소리로 인해 감정의 골이 생겨나기도 했다.

맏이는 술자리가 빈번하고 과음하는 경우가 잦아, 내 눈에 거슬릴 때가 많았다. 그러잖아도 회사 일로 "이래라. 저래라.", "잘했다, 못했다."라며 간섭하는 경우가 자주 있었던 터라 듣기 싫었을 것이다. 그런데다 생활 무대 또한 같으니 잔소리할 기회가 점점 늘어나게 되었다.

결국 나는 '잔소리꾼'이 되고 말았다. 자식들이 고분고분하지 않으니 '괜히 일찍 불러들였구나!' 하는 후회도 했다. 바깥세상에서 이런저런 경험을 많이 쌓도록 내 버려뒀다가 나중에 데려올걸 하는 후회도 하게 되었다.

내 꾸짖음이 저들에게 유익한 보약이 되리라 믿었는데 같은 얘기가 여러 번 겹치게 되니 오히려 역효과를 일으키는 것 같았다. 아무튼 잔소리는 부모로서 당연히 할 수 있는 애정 표현이 아닌가? 그것을 이해하지 못하고 반항하는 것 같아 서운했다.

하지만 나의 잔소리는 끝이 없었다. 손가락질 받을 짓은 하지 않을지, 저들 장래에 흠집을 만들지는 않을지, 삐뚤어지는 일은 없을까 하는 사사망념까지 들어서 걱정을 끼고 살았다. 지나친 욕심이란 걸 알면서도 어쩔 수 없었다.

　나는 60년대 초 새마을운동을 직접 하면서 "싸우면서 건설하자."라는 구호를 외쳤던 기억이 난다. 그렇게 해서 우리나라를 이만큼 크게 성공시켰다. 그것이 오늘날 우리나라의 기초가 된 것이다. 우리 삼부자도 그와 흡사하게 다투면서 건설하여 오늘에 이르렀다.

　다행히 회사는 착실하게 성장해 왔다. 하지만 자식들과의 사이에는 보이지 않는 장벽이 두꺼웠다. 대면을 꺼리고 나와 눈도 마주치지 않으려는 눈치다. 좋은 징조가 아니지만, 역지사지가 되기를 바랄 뿐 다른 방도는 없다. 잘잘못을 따질 일은 아니지만, 흑백을 가리고 싶다. 하긴 30년 넘게 티격태격해 오던 것을 이제와 가려본들 무슨 소용 있을까?

　결과적으로 모든 원인이나 책임을 내가 질 수밖에 없다. 곰곰이 생각해 보니 자식들을 최고의 경영자로 만들어 보겠다는 그 욕심, 그리고 완벽을 추구하려는 내 성격이 그런 사단의 원인이 된 셈이다. 여유를 갖고 기다려 보지 못한 내 처사가 잘못이다.

　과유불급이라는 말이 옳다. 우리 삼부자 사이에 생긴 장벽은 세월이 가면서 자연스럽게 풀어지기를 기다릴 수밖에 없는 노릇이다. 늘 어리게만 보이던 자식들이 어느새 지천명을 목전에 둔 사회인이 되었으니 내가 더는 이러쿵저러쿵하기가 어려워졌다.

　창사 35주년과 40주년을 기해서 두 자식에게 차례로 회사의 경영권을 넘겨주고 뒷전으로 물러났다. 그 덕분에 나를 쫓아다니던 '잔소리꾼'이라는 오명도 떨어져 나갔다.

요즘에는 내 취미생활이 바빠서 저들에게 잔소리할 겨를도 없고, 저들도 제자리로 돌아가 자기 몫을 잘하는 것 같아 다행이다.

늦었지만 홀가분하다.

형수님 제삿날

평범한 여인이었다. 초년에 자식들 건사하며 형님 뒷바라지에 모든 걸 바쳤다. 찌든 가난을 짊어지고 대가족을 모시고 평생을 고생하며 사신 분이었다.

내가 아홉 살 때, 우리 집에 시집온 형수님이다. 그분의 일주기(一周忌) 제삿날이 엊그제였다. 우리 가족 모두 제사를 모시러 갔다. 큰집 현관에 들어섰다. 발 들여놓을 틈이 없도록 신발이 가득했다. 무슨 일인가? 어디서 손님들이 오셨는가 싶을 만큼 많았다.

신발은 모두 형수님의 자손들 것이었다. 한 사람도 낯선 사람이 없었다. 직장에 다니는 봉급생활자들이 대부분이기에 멀리서도 늦지 않게 시간에 맞추어 참석하라는 맏아들의 명을 따른 탓이란다.

거실에 들어서니 인사하러 우르르 몰려나온 사람이 수십 명이었다. 왁자지껄하게 뛰어놀던 어린 것부터 어른까지 누가 누군지 가늠이 어려울 정도였다. 차근차근 인사를 나누다 보니 한참 동안 보지 못한 사이에 낯선 어린놈도 생겼다.

본디 우리 집은 제삿날이어도 항상 호젓하고 조용했다. 자손이 많지 않았기 때문이다. 제관이래야 형님과 나 그리고 조카 둘이 전부였다. 내가 분가해서 딴살림을 차린 후에도 두 집을 합쳐도 열 명이 채 되지 않았다. 그러한 기억이 전부였는데 오늘은 큰집 현관이 북새통이 되었으니 놀라지 않을 수 없었다. 모두가 우리 형수님의 자손이었다

제삿날이기에 경건한 마음으로 제사를 모시는 게 옳다. 그런데 분위기가 의외로 너무 만족스러웠다. 형수님도 생전에 이런 모습을 원하셨으리라 생각되고, 내 가슴속에서도 '참 좋구나!' 하는 흡족한 생각이 차올라서, 나는 그만 체면 없이 파안대소하고 말았다. 제일 어른인 내가 웃으니 모두가 따라 웃었다. 게다가 어린놈들의 각가지 재롱이 겹치니 온 가족이 잔치마당에 온 듯 흥겨워졌다. 늘 고적하기만 하던 집이었는데 오늘 모여 보니 어느 집도 부럽지 않을 만큼, 우리 큰집의 자손이 번성해서 기분이 너무 좋았다. 웃음이 저절로 나왔다.

형수님과 나는 나이 차이가 열두 살이나 되어서 형수님이 어렵지 않았다. 게다가 형님은 평소에 말수가 적고 과묵하였다. 내가 미성(未成)*으로 있을 때는 조카들의 학교 문제나 집안의 대소사에 관해서 처리해야 될 일이 있으면 늘 본인이 앞장서지 않고 "승길이하고 의논해서 하시오."라고 형수님에게 떠넘겨버리던 형님이었다. 그랬기에 형수님은 수고가 많았고 더욱더 힘이 들었을지도 모른다. 하지만 나로서는 자상한 누님 같기도 해서 마음이 편했다.

저녁 8시 반에 제사를 모셨다. 주손(胄孫)인 맏아들이 주관해서 제사를 모셨다. 그 뒤를 이어서 온 가족이 서열에 따라 잔을 올리며 배례를 드리기로 했다. 장남의 가족, 장녀의 가족, 차녀의 가족, 차남의 가족 순으로 참배하였다. 4남매의 가족이 순서대로 하다 보니 집안에서 제일 어른이지만 시동생인 나의 차례는 한참을 기다려야 했다.

하지만 서운하지 않았다. 흐뭇하기만 했다. 모처럼 북적거리는 제삿날을 맞으니 오랫동안 어디엔가 눌려 있던 내 가슴이 풍선처럼 부풀어 오르는 기분이었다. 춤이라도 한바탕 추어 드리고 싶었다. 만감이 서려 무어라 표현키 어려운 감회가 솟구쳤다.

돌이켜 보면 우리 집은 오래도록 몹시 빈한(貧寒)하고 외로웠다. 게다가 불행한 사건들이 잇따랐다. 해방을 맞던 해 일본 나가사키에서 사업을 하시던 아버지와 삼촌이 원폭에 희생되셨다.

작은할아버지 가족들은 해방 후에 남북이 갈라지는 바람에 38선이 가로막아 만주에서 영영 돌아오지 못했다. 졸지에 우리 형제는 3, 4, 5, 6촌의 가까운 혈육을 모두 잃었다. 그런 불행한 일로 인해서 형님과 나는 고아나 다름없는 외로운 삶을 살아왔다.

수재(秀才)로 칭송받으며 서울에 가서 중학교에 다니던 형님은 학업을 중단하고 고향으로 내려와 기울어가는 우리 가정을 책임지게 되었다. 형님은 내가 다니던 초등학교에 선생님으로 부임하셨고, 이듬해에 형님의 배필로 형수님이 우리 집에 들어왔다.

나는 형수님을 맞이하는 게 좋아서 손뼉 치며 온 동네를 뛰어다니던 기억이 엊그제 같다. 형수님은 우리 집에 와서 대가족을 받들며 숱한 고생을 감내했다. 늘 시냇물처럼 조용하게 살면서 일흔여섯 해를 우리 집에서 보내셨다.

형수님은 가난한 집안을 탈 없이 보듬어 왔고, 자녀 4남매를 하나같이 훌륭하게 길렀으며, 그들에게 딸린 자손들이 수십 명이니, 호젓하던 우리 집에 자손 복을 안겨주신 분이다. 모두 건강하고 올바르게 자라서 제 앞가림을 잘하고 있다.

그중에는 박사학위를 받은 자손이 여섯 명이나 된다. 형수님은 이 모든 것을 이루는데 밑거름이 되어주신 어른이다. 힘들고 고달프게 살던 형수님의 발자취를 되짚어보니 참으로 많은 일을 해놓으신 어른이다.

어쩌면 형수님은 젊은 시절의 고된 나날에 대한 보상을 말년에 듬뿍 받으시고 저세상으로 가셨을 것이다. 참으로 고맙고 자랑스러운 형수님이기에 오늘 초기(初忌)를 맞아 시동생으로서 다시 한번 명복을 빌고 또 빌어 드린다.

구십하고도 여섯 해, 그 수많은 나날을 살아오시면서, 그중에 며칠이나 자기 자신을 위해 사셨을까? 생각하면 그저 고맙다는 말씀밖에는 더할 말이 없다.

제삿날이지만 오늘은 무척 기분 좋은 날이었다.

*미성(未成) : 아직 성인이 되지 못함.

만학의 기쁨

어제는 남산기슭에 자리한 '문학의 집'에서 '문학秀 신인문학상' 시상식이 있었다. 내 이름 앞에 '등단 작가'라는 새로운 호칭이 붙게 된 날이다.

조금 이른 시간이기에, 가을 색이 주렁주렁한 식장 주변의 풍경을 잠시 즐길 여가가 있었다. 산책을 마치고 식장에 돌아와서 자리를 잡고 앉았다. 문인들의 잔치마당에는 처음이라서 구석진 자리에 조용히 앉아 있었다.

학기말 시험 때문에 참석할 수 없다던 채연(첫째 집 손녀)이가 꽃다발을 들고 어미와 같이 식장으로 들어섰다. 천진난만한 손녀가 "할아버지~!" 하는 호들갑에 나도 파안대소로 맞장구를 쳤다.

오후 3시 정각에 시상식이 시작됐다. 내빈 소개에 이어 축시 낭송도 있었다. 그 뒤에 시상식이 따랐다. "제10회 문학秀 신인 문학상 수필 부문 수상자 김승길"을 호명했다. 단상으로 올라섰다. '등단 작가' 꿈같은 순간이다. 과분하다는 생각과 설레는 마음이 교차하면서 태풍 속의 거센 파도 같은 일렁임이 내 머릿속을 치고 지나갔다.

옛적에는 우리 집이 문필가의 집으로 알려져 있었다. 증조부와 조부님이 선비로 사셨다. 하지만 아버지가 일찍 돌아가시는 바람에 글이 끊어졌다. 나도 일찍이 글공부를 멀리하고 공학도(工學徒)로 세상을 살아왔다.

그렇게 지필묵과 거리를 두고 살아온 지 어언 80년이다. 지금은 하던 일을 자식들에게 넘기고 무료한 참인데, 설상가상으로 코로나19까지 덮쳐 '방콕'으로 나날을 보내고 있었다.

이 무료함을 무엇으로 메울까? 등산, 여행, 골프, 낚시, 사교춤, 글쓰기, 붓글씨, 관광 가이드 등 가능한 취향을 모두 챙겨보았으나 아둔한 사람이라 어느 것 하나 선 뜻 내켜지는 게 없었다. '왜 나는 이렇게 둔재인가?'

누구나 열심히 살려고 발버둥 친다. 하지만 발버둥만으로 이룰 수 있는 일은 흔치 않다. 수백 년이 지났으나 지금도 따를 사람이 없다는 재주를 가진 한석봉이나 율곡 같은 분도 어머니의 도움이 있었다지 않은가….

늦었지만 글쓰기나 붓글씨를 배워 보기로 했다. 적당한 선생님을 찾는 중이었다. 마침 1년에 두어 번 외종반(外從班)들과 만나 노닥거리며 식사하는 자리가 있었다. 이번에는 몇 년 만에 캄보디아에서 귀국한 외사촌 아우를 포함해서 다섯 명이 모여서 점심 식사를 즐기는 날이었다. 안부를 물으며 세상 얘기로 시간 가는 줄 모르고 노닥거렸다.

"형님은 은퇴했다는 소식을 들었는데, 소일을 어떻게 하십니까?" 오랜만에 귀국해서 만난 큰 아우가 궁금해했다. "글~쎄 말이네, 아직 소일거리를 찾지 못하였네. 수필이나 배워 봤으면 하네만…."

"형님네 집안이 글 하는 집안이니, 형님도 잘하시겠지요?" 하면서 셋째 아우가 거들었다.

그는 몇 군데 수필 공부방을 소개해 주었다. 하지만 코로나19가 창궐하는 중이라 모두 문을 닫고 휴업 중이었다. 배울 곳이 없어 낙담하던 참이다. "형님! 그간에 써 놓은 게 있나요? 있거든 저에게 몇 편 보내 보세요."라는 셋째 아우의 제안을 받았다.

"자네가 수필에 대해서도?" 나는 반신반의를 했다. 셋째 아우는 어릴 적부터 재주가 뛰어나다는 소문과 주위의 선망을 받으며 공직생활을 잘하고 있다는 것은 나도 익히 알고 있었다.

그러나 수필에도 일가견을 가졌으리라는 생각은 추호도 가져 본 적이 없었다. 무척 놀랐다. 그 아우가 교대역 부근에 수필 공부방을 열어놓고 6~7명의 수강생에게 월 2회 수필 공부를 지도하고 있었다.

그것도 무상(無償) 교육이었다. 그런 유명한(?) 선생님을 옆에 두고, 내 주작대로 그를 재단(裁斷)했던 게 미안했다. 선생을 찾지 못해 목이 마르던 참이었기에 나도 그 아우를 선생으로 모셨다.

2020년 10월부터 본격적으로 가르침을 받았다. 80년을 방치해 놓았던 머리라서 쉽게 적응하지 못했다. 설상가상으로 이따금 아우의 면박이 있을 때는 마음이 상해서 집어치우고 싶은 충동도 여러 번 가졌다.

하지만 감정을 다독이며 서운함을 참았다. '뭔가를 이루려면 그냥 되는 게 있겠나?' 40년을 엎치락뒤치락하면서 어려운 사업도 했었는데 아우의 그까짓 타박 정도는 달게 받기로 했다.

어릴 때부터 가난한 집안에서 자랐기에 참고 견디는 일에는 나도 이력이 나 있었다. 참 다행이었다. 다시 마음을 추스르고 일년의 세월을 수필 공부에 몰두했다. 날이 갈수록 글 쓰는 게 어려웠다. 배울수록 쉬워져야 하는 게 세상의 이치이런만 수필은 그렇지를 않았다.

독자들이 실망하지 않을 만큼 매력이나 가치를 만들어낸다는 것이 결코 쉬운 일이 아님을 깨달았다. 몇 번이고 퇴고를 거듭하며 다듬어 보았지만 내 마음에 드는 걸작(?)은 나오지 않았다.

그러나 부족한 작품일망정 귀중한 자산이기에 쓰레기통에 버리지 않고 애물단지처럼 끌어안고 있었다. 그들 중에서 몇 편을 골라 다시 다듬어서 이번에 계간《문학秀》신인 작품상 공모에 응모했다. 정성을 많이 들였건만 여전히 가슴은 설레고 불안했다.

　54년 전 입사 시험을 치를 때와 버금가는 설렘을 다시 가져보았다. 100세 시대를 위한 제4막 인생 설계를 '수필 쓰기'로 정한 것이니, 그때와 다를 바 없는 새로운 시작이기에 온갖 정성을 쏟아붓고 있다.

　시작이 늦었기에 망설임도 길었다. 어느 흑백영화 속의 완행열차가 떠올랐다. 갈 길은 먼데 해는 저물고, 녹슨 기찻길을 달리는 낡은 기관차가 너무 안쓰럽게 느껴졌던 기억이 났다. 그래서 나는 초라하지 않으려고 두 손을 모아 빌었다.

　다행히 심사에서 〈잊고 지냈던 초상화〉와 〈오지 않는 비둘기〉 두 편이 낙점(落點)을 받아 오늘 이 시상식에 오르게 된 것이다. 내 삶에서 희비가 숨바꼭질했던 기억은 수없이 많았어도, 오늘 품어보는 이 만학의 기쁨은 특별히 새롭고 황홀했다.

　등단 작가라는 이름에 누가 되지 않게끔 노력하련다.

남을 원망하지 말자

복(福)은 자기에게서 싹트고

　　화(禍)도 자기로부터 나오는 것이다

- 유남자

평설

金宇鐘

뿌리 깊은 나무들의 숲

金宇鐘(문학평론가)

1. 진선미 삼위일체의 문학

수필가 김승길은 어머님이 마지막 가시는 산길에 은백색의 융단을 깔아드린 분이다.

작품도 그렇다. 은백색 융단이라면 과장이 되지만 그렇게 티없이 맑은 문체로 그런 사상과 정서를 작품 속에 담아 나갔기 때문이다.

그 문학을 평자의 입장에서 삼위일체의 시각으로 분석해 보면 다음과 같다.

문학은 진과 선과 미의 융합으로 응축된 보석이다. 학문이나 종교나 철학과 달리 문학은 미를 추구하고 만들어내기 때문에 예술 장르로 구분되지만, 그중에서 언어예술로서의 문학은 표현 기술만으로 성취되는 것이 아니다. 예술이나 Art나 그 용어는 손재주 말재주 등 장인적(匠人的) 기술을 의미하지만, 문학은 진과 선과 미가 삼위일체로 융합될 때 비로소 최고의 아름다움이 창출되어 크게 가슴을 울리게 된다. 우리는 이에 대한 인식 부족으로 출발점에서부터 주행 코스를 잘못 잡은 주자들을 많이 보게 된다. 그걸 보며 손뼉을 치면 그들도 바보다. 글쟁이 땜쟁이 환쟁이 등, 쟁이 시절의 문학은 문학사적으로는 종점이 지난 고대문학으로 처리해도 좋다.

유명한 피아니스트나 바이올리니스트 등 음악의 연주자는 아주 어릴 적부터 재주를 키워 온 경우가 많지만, 문학은 글을 쓰기 전에 이 세상의 많은 것을 보고 겪고 생각해 온 과정이 작품의 큰 비중을 차지하게 된다. 그런 의미에서 비록 육순이나 칠순의 나이까지 문인이 아니었어도 그동안의 산 넘고 물 건너 오랫동안 걸어 온 인생역정이 이미 문학 수업이 된다. 수필가들에게 특히 그런 경우가 많으며 김승길 수필가도 그중의 한 사람이다. 우수작들은 그동안 힘겹게 그리고 힘차게 살아 온 역사 속의 발걸음이 없었다면 쓸 수 없는 수필들이 많다.

그중에서 대표적인 우수작으로 〈광복절이 오면〉이 있다. 석양을 바라보는 자리까지 와 있는 작가의 작품을 말하려면 그동안의 발자국 전체에 대해서 검증해야 하지만 잘 익은 사과 100개가 열린 나무를 말하기 위해서는 전체를 먹어보기 전에 하나에서 전체를 알 수도 있어서 먼저 〈광복절이 오면〉을 대표작으로 본 후 전체를 말해야겠다.

〈광복절이 오면〉은 좋은 수필이란 어떤 것인지, 시 소설 등 다른 장르와 비교할 때 수필 장르의 장점은 무엇인가라는 질문에 대한 정답이 될 수 있다. 즉 문학이 말장난이나 신변적 독백이 아니고 사회적, 역사적 현실 속에 투영된 자아를 통해서 전해주는 진실의 증언, 그리고 우리가 마땅히 선택해야 할 선(善)이 무엇인지, 그리고 이를 감동적으로 전할 언어미학이 성취되어 있는지를 말해주는 좋은 작품이다.

2. 역사적 진실─나가사키의 종소리

〈광복절이 오면〉은 그날이 올 때마다 김승길 수필가가 생각하게 되는 아버지 이야기가 중심이 된다. 작자의 부친은 2차 대전 종전 직전인 1945년 8월 9일에 원폭으로 나가사키에서 돌아가셨다. 삼촌도 함께였다. 작자는 그 이듬해에 초등학교에 들어갔으니까 그 후 일평생 어머니의 눈물을 보고 한숨 소리를 듣고 또 그 후에도 그 기억 속에서 살았을 것이다.

수필은 전통적으로 작자가 삶의 경험을 진솔하게 서술하는 문학 형태라고 정의되어 있다. 이것은 작품의 공간적 영역이 작자의 개인적 삶의 울타리 안이라고 스스로 자폐증 환자임을 숙명으로 받아들여 온 형태다.

그러나 모든 개인은 사회적 역사적 공간과 시간 속의 개인이므로 소재는 일반적으로 신변적이지만 창작과정에 따라서 그 영역은 세계로 우주로도 확대된다. 감옥 안에 갇혀서 작은 감시구나 창문으로 보면 남산 꼭대기에서 망원경으로 보는 것보다 자기 가족과 대한민국과 세계가 더 잘 보일 수 있다.

나가사키의 원폭과 아버지의 죽음과 어머니의 눈물은 제1차적으로는 모두 개인적 신변적 소재가 된다. 그렇지만 어머니의 눈물과 아버지의 죽음이라는 개인의 슬픔은 나가사키의 원폭 투하와 함께 작자가 이를 소재로 한 작품 속에서 우리 민족사의 한 페이지가 되고 세계적 공간 속의 과제가 되고 오랜 역사적 시간 속의 슬픈 전설이 된다. 그럼으로써 작자의 이야기는 신변잡담이 아니라 우리 의식의 시각을 세계역사로 광역화해나가고 우리의 갈 길을 묻게 해준다. 그것은 작자의 창작 의도나 역량에 따라서 인류의 평화와 구원의 메시지가 될 수도 있다.

작자는 가문의 불행한 기억을 간단하게 언급했지만, 이것이 작품화되고 감동을 주면 독자는 나가사키의 종소리를, 그 비명을 수필 한 편을 통해서도 듣게 될 것이다. 그날 6만 명이 죽고 그 후 몇 개월 안에 2만이 죽었다는 역사적 사실도 알아내게 된다. 독자는 1949년에 발행된 '나가이 다카시'의 논픽션 에세이 〈나가사키의 종소리〉도 읽고 싶어지고, 이 책이 원폭을 투하한 미군의 대량 학살을 고발하는 것이 되기 때문에 이를 막기 위해 미 점령군이 출판을 금했다가 일본의 필리핀 학살 만행도 첨부한 다음에야 출판하게 되었다는 뒷얘기도 알게 된다. 참으로 웃기는 전쟁 국가들 얘기다. 우리는 강대국들의 야욕과 전쟁의 만행에 확실히 눈 뜨게 된다.

김승길은 1937년에 발발한 중일전쟁에서부터 확대된 세계 제2차대전 및 6·25전쟁을 모두 겪은 세대다. 그중에서 원폭 투하의 수난을 이렇게 피해자 가족이 직접 증언한 한국 작품은 나로서는 아직 본 일이 없다. 원폭 투하가 세계사를 바꿔나간 사건이라는 의미에서 역사적 사실 증언의 가치는 크다. 시나 소설은 사실의 직접적 증언이 아니다. 이와 달리 수필은 허구성을 거부하는 문학이기 때문에 때때로 더 강력한 호소력을 지니는 사실의 기록이 된다. 이것이 진선미 세 가지 중 하나인 진(眞)이다.

주일두 시일수(酒一斗 詩一首)를 자랑하는 이태백의 시는 낭만적인 흥을 돕는 천재작이라 해도 그것이 술 한 말 먹고 음풍영월한 것이라면 자칫 시가 아니라 술주정이란 욕을 먹을 수도 있다. 좋은 세상을 위해 문학이 현실참여의 기능을 지니려면 나쁜 세상의 진실을 알려야 된다. 문예사조의 이름으로 그것은 리얼리즘이다.

3. 선(善) - 아버지 유품을 합장해다오

작자는 어머니가 87세에 돌아가시면서 그동안 간직하고 있던 남편의 유품을 합장해 달라고 유언했단다. 남편은 나가사키에서 수만 명 목숨과 함께 가셨기 때문에 무덤이 없다. 그 대신 유품이 남아있었다. 이것은 어머니의 사랑이다. 그 속에는 수십 년간 어머니가 토한 한숨과 흘린 눈물과 가슴속의 내출혈이 축적되어 있다. 재가를 하는 사람도 있지만, 어머니의 인내와 고독은 자기 희생이며 인간 상호 간의 신뢰로써 이 세상에 희망을 주는 도덕적 가치를 지닌다.

할머니 할아버지가 수년이 지나도록 나가사키에 가 있던 자식들의 편지를 기다리며 우체국을 다녀오는 것도 그런 사랑이다. 그리고 해방 후 10년이 지나도록 고인의 제사를 지내지 못하게 한 것도 그런 사랑이다. 혹시나 살아서 돌아올지 모른다는 기다림이 참으로 가슴을 울린다. 이것이 좋은 작품의 필수적 조건이며 진선미의 선(善)이며 이것이 아름답다는 감동을 주기 때문에 한자로는 선과 미가 거의 같은 형태의 문자다.

4. 미(美) - 기법의 우수성

수필은 가장 짧은 산문의 문학 장르다. 췌언과 수다 떨기를 배제한 문체와 구성은 간결미를 나타낸다. 간결미가 형성되려면 수식어가 최소화되고, 되도록 복합문을 피해야 하고, 서술 내용이 주제를 향해 집약적이며 어휘 한 마리라도 압축적인 것이 상식이다.

김승길 수필의 특성이 이런 간결미다. 간결미는 수식어마저 되도록 줄여야 하므로 얼굴화장과 의상의 패션 감각도 줄여서 자칫 건조한 문체가 되기 쉽지만, 그 대신 압축된 서술 내용이 긴장감과 함께 감동적 리듬을 이끌어 나간다. 그러면서 작자는 특히 아름다운 시각미도 틈틈이 연출해 나가고 있다.

> 섣달그믐날, 어머니는 외롭게 살다가 돌아가셨다. 그날따라 발목이 잠길 만큼 눈이 많이 내렸다. 아버지가 어머니의 마지막 길을 위해 은백색 융단을 깔아 주신 것일까. 어머니 유언대로 두 분 산소를 고향에서 멀지 않은 안동 길안면 선영에 합장하여 드렸다.

어머니를 산으로 모셔가는 마지막 길에 눈이 내린 것을 작자는 먼저 고인이 되신 아버지가 깔아 준 은백색 융단이라 표현하고 있다. 물론 이것은 하늘에서 내려 준 것이고 실제로 눈이 내리지 않았다 해도 작자의 깊은 슬픔 때문에 그렇게 만들어졌고 곱고 또 고운 정서와 예술적인 심미적 감각이 흰 눈이 내리는 기법으로 나타난 것이다.

설달그믐이니 눈이 내릴 수 있지만, 혹시 이것이 사실 아닌 허구일지도 모른다고 불만을 가질 사람도 있을 수 있다.

수필의 허구 문제는 피천득 수필에서 가장 많이 제기될 수 있다. 〈인연〉은 애초부터 소설이었다는 믿을만한 증언이 있다. 윤오영 수필가는 그의 작품들을 너무 작위적이라고 평한 일이 있다. 사실로 이런 인상을 주는 작품은 독자를 기만했다는 의구심을 갖게 되지만 설달그믐에 어머니를 선영에 모실 때 눈이 내린 것은 사실 어부와 상관없이 매우 자연스러운 문학적 기법이다. 민얼굴에 분 바르고 화장하듯 얼굴 자체가 바뀌는 것이 아닌 이상 장식은 허구가 아니다. 김승길의 문체나 사건은 최소화된 간결형이고 압축형이지만 저세상으로 어머니를 모시러 가는 마지막 길에 이처럼 흰 눈으로 은백색 융단을 깔아드리는 발상은 매우 탁월한 심미적 감각을 도입한 것이다.

이 작품은 이처럼 진선미가 다 함께 화학적 융합으로 하나가 된 수정체다.

5. 전쟁과 소쩍새

〈광복절이 오면〉은 인류가 태초부터 가장 우매하게 반복해 오고 있는 전쟁 속의 이별, 슬픔을 상기시키는 작품이다. 이런 슬픔이 약 2천 년 전에는 중국 촉나라의 소쩍새 전설이 되고 다시 많은 문학작품을 파생시켰다.

촉나라 소쩍새의 전설은 전쟁으로 나라가 망하며 죽거나 포로가 되어 그 넋이 고향에 돌아와 밤마다 애절하게 운다는 것이다.

이 전설이 한국에서는 약 천년 전 길재(吉再)의 시조에서 "자규야 알랴마는"하며 자규로 나타나고 김소월의 시에서는 〈접동새〉로 나타나고 김춘수의 시나 오영수의 소설도 있지만, 서정주는 〈귀촉도〉에서 귀촉도라 불렀고 〈국화 옆에서〉에서는 그대로 소쩍새다.

그런데 서정주의 소쩍새도 전쟁터에서 죽은 후 고향에 돌아와 우는 징병 징용 위안부의 넋이며 여기에 김승길 작가의 아버지도 있다. 그런데 이 넋이 소쩍새가 되어 봄부터 울어서 국화꽃이 찬란하게 피었다는 것이 〈국화 옆에서〉다. 여기서 국화는 일본 황실의 문장이며 일본 왕 히로히토다. 일본의 천황은 실제로 전후에 전범재판에서 제외되고 천황의 호칭을 그대로 유지하게 되었으니 악마주의 친일 시인의 입장에서는 그를 최고의 악마로 경배하고 찬미하는 것이 맞다. 서정주가 받들어 모셔야 할 악마의 거장이라는 것이다. 세계문학사에 악마주의의 원조로 기록된 샤를르 보들레르를 극찬하며 (서정주 문학전집 〈고대 그리스적 육체성〉에서) 〈화사〉, 〈문둥이〉로 시작된 그것은 해방 후 반민법 발효 직전에 친일파의 반란 선동 같은 형태로 나타나고 교과서

에 수십 년 실려 오다가 1990년에 삭제되었다. 미안하지만 내가
단독 심의로 삭제시켰다.

이 시를 김승길의 〈광복절이 오면〉과 비교하면 최악과 최선의
양극이 된다.

6. 세상을 가꾸는 사람

김승길 수필을 총괄해서 보면 이런 무거운 역사적 소재보다는
젊은 시절에 창업하고 성공적으로 발전시킨 큰 기업인으로 사는
삶이 중심이 되고 이와 함께 일상적 삶을 통한 자아의 탐구이며
그 철학이다.

창업에서부터 높은 탑을 완성하고 2선으로 물러서기까지의
과정을 보면 그것은 황무지에 나무 심기이며 정원 가꾸기다.

전쟁의 참화를 소재로 한 것은 비극 무대의 중압감을 주지만
기타 작품들은 그런 전쟁의 폐허에 행복한 세상을 건설해나가고
이제 휴식하는 사람의 이야기가 된다.

그런데 여기서 말하는 폐허는 포화에 의한 집과 병원과 학교
와 한강대교, 대동강 다리의 파괴와 수많은 죽음만을 의미하는
것이 아니다. 휴전선을 그으면서 파괴가 멈췄지만 인성 파괴는
치유되지 않은 채 지속되었다. 살벌한 생존경쟁의 계속이다. 나
무를 심어도 자라기 어려운 환경이다. 천만 명 서울 인구가 살아

가는 비결을 서로 등쳐먹기라는 말까지 나왔다. 이것은 풀 한 포기 자라기 어려운 폐허나 다름없다.

김승길의 수필을 보면 고교 시절까지는 나오는데 대학 시절이 없다. 작자가 말하지 않았거나 내가 모르기 때문일지도 모르지만, 폐허의 열악한 땅에서 미처 제대로 가지 뻗고 무성한 나뭇잎을 자랑할 수 없게 되었을지도 모른다. 그런 의미에서 보면 적어도 70년대 80년대까지 이 나라는 인성 파괴와 더불어 삭막한 폐허의 이름을 벗기 어려웠다고 볼 수 있다.

그런데 이 무렵부터 김승길이 창업하고 이끌어 나간 곳은 아름다운 정원이 되고 숲이 되었음을 짐작하게 된다. '세상은 생존 경쟁의 장이다.'라는 기성 개념이 수정되고 있었기 때문이다. 그것이 더불어 살기의 세상이다.

전쟁은 생명과 재산의 파괴과정이지만 김승길이 수필로 전해 주는 것은 폐허 속에서 함께 치유하고 재활하고 건설하는 평화 만들기다. 〈기업의 숲〉, 〈높았던 은행 문턱〉, 〈반면교사〉, 〈신의 한 수〉, 〈장수기업의 꿈〉 등이 모두 그렇다.

김 작가는 경주의 고등학교 시절에 친구와 자취할 때 친구의 부친이 아들을 도우려고 다녀가신 일로 친구를 부러워하는 모습도 보인다. 식민지 시대의 중일전쟁, 태평양전쟁 그리고 원폭의 불지옥에서 가셨을 아버지, 해방되고 이인권의 〈귀국선〉이 한창일 때 귀국하지 않는 아버지를 기다리는 어머님과 조부모님들의 모습. 그리고 6·25 후 청년의 초반 무렵까지는 참으로 힘든 폐허 속의 몸부림이었을 듯하다. 그렇지만 그때부터 그는 황무지에 씨를 뿌리며 다 함께 행복한 숲을 가꾸고 정원을 가꾸고 있었던 것 같다. 그것이 더불어 살기의 철학이다.

7. 공생 공존의 철학

김승길은 문학을 하기 전에 노년기가 되기까지 공장의 제조업에 평생 정열을 쏟아 왔지만, 철근과 화학약품의 부지에서 실제로 스스로 정원사가 되어 나무 심기를 잘한 모습을 그려나갔다. 이것이 〈정원을 가꾸며〉에 잘 나타나 있다. 개나리 울타리를 치고 나무를 심고 꽃을 가꾸고 채소밭도 가꾸며 농사꾼도 되고 정원사도 된다. 전기톱, 일반 톱, 긴 손잡이 가위, 접이식 사다리, 작업용 토시 등 온갖 장비를 갖춘 그것은 전문가다운 기술자의 모습이지만 그는 사업을 그렇게 꽃과 나무를 가꾸며 정원을 만들고 숲을 만들어나갔다. 그러면서 〈기업의 숲〉에서 이렇게 말한다.

먼 길을 가려면 본사의 힘만으로는 감당하기 어렵다. "멀리 가려면 함께 가라."는 속담이 있듯이 본사와 대리점이 뜻을 모아 함께 가야 효율적일 것이다.

（중략）

　첫째 갑질을 하지 말자. 가까우면서도 멀기만 했던 것이 대리점
과의 관계였다. 본사와 대리점이 주종(主從)관계였었다. 대등한
관계로 바꿀 수 있다면 시너지 효과를 거둘 수 있을 터인데

　이것은 기업체라는 유기체가 임원과 평사원, 본사와 대리점
간의 주종관계에서 나타나는 갑질 문제 등에 대한 비판이다. 이
모순에 대한 비판은 우리의 기본적 인권 존중 사상이며 그럼으
로써 다 함께 잘 살 수 있다는 것은 지극히 소중한 인류공존 철
학이다. 이 의식은〈반면교사-이웃이 흥해야 나도 흥한다〉에서도
꼭 같이 강조된다. 〈높았던 은행 문턱〉에서 말한 '동행'의 의미도
함께 도우며 살아야 함께 흥한다는 공생 공존 철학이다.
　이 철학은 약육강식이 피할 수 없는 지구적 삶의 원칙이라는
통념에 대한 수정이며 정의로운 저항정신으로서 귀중한 문학성
성취를 나타낸다.

　농자천하지대본(農者天下之大本)이라 했듯이 사업에도 역시 사
람이 근본일 것이라 믿고 갑질에 시달리고 있는 영세한 중간 상
인들을 도우며 상생의 길을 가기로 마음을 굳혔다.
　　　　　　　　　　　－〈반면교사 － 이웃이 흥해야 나도 흥한다〉

이것은 창업 첫 단계를 회고하는 글이다. 고향 후배 두 사람과 여직원 하나를 데리고 서울시 구로구 구로동에 사무실을 차렸는데 현실이 냉혹했다고 한다. "내가 설 자리는 없었다."라며 말하고 있다. 그러니까 약육강식의 생존 경쟁장에서 약자인 김승길이도 약육강식의 냉혹한 원칙대로 약자를 잡아먹으며 생존해야 했다. 그런데 이 원칙을 깨고 "이웃이 흥해야 나도 흥한다."라는 사실을 입증해 나갔다. 공생 공존해야 한다는 지구인의 고귀한 원칙을 가혹한 현장에서 터득하고 입증한 셈이다. 그리고 마침내 35년 동안 견고한 산업탑을 성취했다는 흐뭇한 이야기가 〈장수기업의 꿈〉이라는 수필로도 나타나고 있다.

현장의 증언이기 때문에 그의 공생 철학은 모호한 관념적 구호가 아니고 확고한 신념이며 그의 사상이다.

8. 나무를 심은 사람

그렇게 절망 속에서 남을 생각하며 희망을 가꾼 또 한 사람이 장 지오노(Jean giono, 1895~1970)작《나무를 심은 사람》의 엘제아르 부피다. 그 노인은 장 지오노가 만든 허구이고 김승길은 실존 인물인데 황무지에 숲을 가꾼 사람이라는 공통점이 있다.

소설《나무를 심은 사람》의 주인공인 엘제아르 부피는 양치기이고 김승길은 기업인 다음 제2 인생으로서의 수필가다. 4천 평

대지의 공장에서, 많은 제품을 생산하고 수출해오다가 노경에 이르러 뒤로 물러선 김승길과 매일 밤 도토리를 100개씩 골라내서 물에 담가두었다가 다음날 황무지에 심고 노경에 들어선 양치기는 너무 큰 차이가 있지만 두 사람은 황무지에 숲을 가꾼 사람이라는 상징적 의미에서 동일하다.

아내와 자식을 잃은 엘제아르 부피는 풀 한 포기 없던 고산지대의 어느 마을에 와서 매일 쇠꼬챙이를 들고 다니는 양치기다. 쇠꼬챙이를 땅에 박으면 어렵지 않게 도토리 한 알 심을만한 구멍이 생긴다. 작품 속의 화자가 32년 후에 다시 그곳에 갔을 때는 기적이 일어나고 있다. 울창하게 숲이 우거지고 샘물이 흐르고 새가 울고 많은 사람이 찾아와 행복하게 살고 있었다. 예전에는 서너 집이 모여서 이웃끼리 싸움만 하던 곳이다. 궁핍이 그런 싸움판을 만들어 놓았었다.

김승길이 고향 친구 둘과 여자 한 명 데리고 구로공단에서 제조업을 시작할 때 그곳도 황폐했다. 이 땅이 아직 전쟁의 후유증을 앓고 있었기 때문이다. 거기서 다 함께 잘살자는 생각으로 묘목을 심기 시작했는데 그것이 4천 평 규모로 많은 사람이 행복한 가정을 꾸리고 사는 큰 기업이 되었다. 이 세상은 약육강식의 생존 경쟁장이라는 원칙을 깨고 "이웃이 흥해야 나도 흥한다."라는 원칙에 대한 확고한 신념의 결과다.

9. 우리 수필 문단의 큰 성과

김승길 수필의 문체는 참 아름답다. 과욕이 없고 허세가 없기 때문이다. 주렁주렁 많은 장식과 명품으로 허세를 부리는 천민 의식이 없이 매우 깔끔하고 정확하고 매끄러운 문체다.

수양버들을 지나 걸음을 재촉하고 있는데 길섶에 돋아난 파릇 파릇한 새싹들이 눈길을 멈추게 한다. 엊그제 이곳을 지날 때만 해도 보이지 않았는데…. 아마 그때는 흙먼지를 뒤집어쓰고 있 다가 간밤에 내린 봄비가 깔끔하게 샤워해 준 덕분이리라.

– 〈봄에 취하다〉

이것은 임의로 인용해 본 그의 문체다. 더도 말고 덜도 말고 가위로 가지치기가 알맞게 잘 된 문체다. 그런 문체로 비 온 뒤 의 산뜻한 봄 풍경이 그려지고 작자의 맑고 따뜻한 정서가 감지 된다.

수필은 시나 소설과 달리 사실 그대로의 명확한 표현이 장점 이 되는 산문이므로 재주를 과용하고 남발하면 자칫 천해지기 쉽다. 김승길의 문체는 이런 면에서 매우 적절하게 품격을 유지 해 나가고 있다.

이런 문체로 그려나간 그의 사회생활이나 가정생활은 밝은 편이다. 노년기에 아내와 함께 한강 변을 산책하고 비둘기와 놀고 손녀의 몽블랑 볼펜 선물을 받고 좋아하는 모습이나 (〈몽블랑 볼펜〉에서) 일상생활의 작은 이야기들이 모두 밝다.

옛적부터 강대국에 짓밟히고 전쟁으로 황폐해진 땅에서 이 작가는 절망을 희망으로 바꾸며 긍정적이고 진취적인 확고한 공생 공존의 철학을 우수한 언어미학의 수필로 성취시켜나갔다. 그가 이룬 뿌리 깊은 나무의 숲은 우리 문단의 큰 수확이며 기쁨이다.

다시 나를 본다

초판 인쇄	2025년 9월 24일
초판 발행	2025년 10월 2일

지은이	김승길
발행인	노용제
발행처	징은출판
기획편집	김상희
편집디자인	서용석
출판등록	2004년 10월 27일
등록번호	제2-4053호
주 소	04558 서울시 중구 창경궁로 1길 29. 304호
대표전화	02-2272-9280
팩 스	02-2277-1350
이 메 일	rossjw@hanmail.net
홈페이지	www.je-books.com

ISBN 978-89-5824-524-7(03810). 책값은 뒤표지에 있습니다